Sabrina Tophofen

Lebenslänglich
psst...
  wenn nachts der Papa kommt

Sabrina Tophofen

Lebenslänglich
psst ...
wenn nachts der Papa kommt

Zu diesem Taschenbuch ist folgendes Literaturprojekt erhältlich:
- „Lebenslänglich – psst ... wenn nachts der Papa kommt"
(Best.-Nr.: LP132, ISBN 978-3-86740-630-7)

Bibliografische Information der Deutschen Bibliothek
Die Deutsche Bibliothek verzeichnet diese Publikation in der Deutschen Nationalbibliografie; detaillierte bibliografische Daten sind im Internet über http://dnb.ddb.de abrufbar.

www.buchverlagkempen.de

2. Auflage, Kempen 2017
© 2014 BVK Buch Verlag Kempen GmbH, Kempen

Nach der neuen deutschen Rechtschreibung

Alle Rechte dieser Ausgabe vorbehalten durch
BVK Buch Verlag Kempen GmbH

Lektorat: Hans-Jürgen van der Gieth, Kempen
Umschlaggestaltung: Christine Anuschewski, BVK, unter Verwendung des Bildes:
© Naufal MQ / Shutterstock.com
Gestaltung: Christine Anuschewski, BVK
Bilder: S. 53 / 102 – 104 : © vasabii / Shutterstock.com
Porträtfoto: © Rolf Walther, Mainz

Druck / Bindung: GrafikMediaProduktionsmanagement GmbH, D-Köln

Printed in Europe

Best.-Nr.: LI81, ISBN 978-3-86740-562-1

Inhaltsverzeichnis

Alles stinkt nach Bier	7
Ein Spaziergang	16
Das bin ich heute	24
Schläge und Demütigung	29
Seltsame Liebe meines Vaters	33
Heute kann mir niemand mehr wehtun	38
Blöde Regeln, immer wieder Streit – komische Welt	40
Unbegreiflich	50
Mama erwischt Papa	52
Ich hasse euch	61
Er will mich umbringen	63
Überlebt	74
Jeder macht mit mir, was er will	76
Ich reiße aus	82
Wie kann man einem Kind das antun?	93
Hilfsorganisationen	102

Lebenslänglich

Alles stinkt nach Bier

Ich liege in meinem Bett – ohne Schlafanzug oder Nachthemd, in T-Shirt und Strumpfhose, die absolut zu groß ist. Ich habe eine riesige Decke, die aber nicht bezogen ist. Na ja, das ist ja auch nicht schlimm. Hauptsache, mir ist warm.
Ich hasse es, so früh ins Bett zu müssen. Alle Kinder spielen noch draußen. Ich höre sie schreien und lachen. Wie fröhlich sie sind! Wenn ich später groß bin, werde ich dann auch fröhlich sein? Und ich kann endlich so lange wachbleiben bis es dunkel ist. Aber das dauert noch ganz, ganz lange … Ich bin ja erst sieben, und manchmal hasse ich das komische Leben hier!
„Lieber Gott, kannst du mir nicht helfen? Gibt's dich überhaupt? Magst du mich nicht so gerne? Deswegen antwortest du mir bestimmt nicht! Aber was mache ich denn falsch? Kannst du mir nicht helfen? Bitte! Ich werde auch immer mein Zimmer aufräumen. Ehrenwort – und ich bin immer lieb, versprochen!"

Irgendwie will es einfach nicht dunkel werden. Ich hab wieder Hunger und mein Hals klebt vor Durst. Die Mama brauch ich gar nicht rufen. Ihre Zimmertüre ist eh zu. Vielleicht ist sie auch unten beim Herrn Lange in der Pommes-Bude oder bei uns im Garten. Wir wohnen im ersten Stock und unten, im Erdgeschoss, gibt es eine Pommes-Bude. Der Geruch von Fett, manchmal auch altem Fett, steigt uns oft in die Nase.

Der Papa hat bestimmt wieder viel Bier getrunken. Ich hasse es, wenn der so stinkt! Ekelhaft finde ich das.
Ich hab doch keinen Hunger mehr. Bevor er hochkommt, schlafe ich besser schon. Ich mache einfach meine Augen zu und höre die Leute draußen reden. Die Vögel singen laut und immer lauter. Sogar das Wasser von der Regattabahn kann ich hören. Und dann werden meine Augen doch müde. Ich habe ein Kleid an. Es ist rosa mit kleinen Blumen drauf und mit einer riesigen weißen Schleife am Rücken gebunden. Es ist so schön, ich rieche die Blumen, die auf der Wiese blühen, Sonnenblumen sind dabei. Ich drehe mich mit meinem Kleid auf der Wiese, auf der ich gerade stehe. Toll, wie sich das Kleid beim Drehen aufstellt. Wie eine echte Prinzessin sehe ich aus. Langsam schwebe ich über den Boden und fliege davon …

„Psst … Du brauchst keine Angst haben, ich höre sofort auf, wenn du es nicht magst. Aber es ist sehr schön", flüstert es mir in mein Ohr. Dabei stinkt es ekelhaft nach Bier. Ich hasse diesen Gestank wirklich. Nun reiße ich ganz weit meine Augen auf, um zu sehen, was los ist. Wo ist mein schönes Kleid? Das war doch eben noch da, der schöne Duft der Blumen hat sich verwandelt in einen widerlichen Gestank. Jetzt bin ich wach. Mein Papa liegt direkt neben mir in meinem Bett. Die Strumpfhose ist weg. ‚Wieso ist denn meine Hose weg', frag ich mich.
Und dann merke ich, wie die Hände von meinem Papa an meiner Maus sind und er mich mit seinem Biergeruch anatmet. Warum macht er das jetzt? Mit seinen Fingern an meiner Maus. Das fühlt sich schrecklich an. Seine Hände sind rau wie

eine Nagelfeile, es brennt an meinen Schenkeln. Schnell mache ich meine Augen ganz fest zu und tue so, als würde ich schlafen. Doch er hört nicht auf. Zitternd versuche ich, meine Beine zusammenzukneifen, aber es klappt nicht. Er schiebt meine Beine einfach auseinander und streichelt sie – und geht wieder an meine Maus.
Wo ist denn bloß meine Mama? Ich wünsche mir fest, dass sie doch endlich reinkommt! Dass nur die Türe aufgeht, oder dass sie ihn ruft, wo er denn bliebe. Nichts, alles ganz still. Totenstille! Soll ich einfach schreien? Nein, ich trau mich nicht. Gerade und steif wie eine Kerze bleib ich liegen und mache gar nichts, in der Hoffnung, dass es bald vorbei ist und ich schnell wieder einschlafe. Diesen Gestank von seinem Atem halte ich einfach nicht mehr aus. Bitte, kann es nicht aufhören?!
Mein Bruder schläft. Warum merkt er denn nicht, was hier mit mir passiert? ‚Schläft er wirklich', frag ich mich, ‚oder blinzelt er gerade unter der Decke durch und traut sich nicht, was zu sagen?' Ich drehe meinen Kopf beiseite, damit Papa nicht in mein Gesicht atmet. Die Finger sind so ekelig und jetzt ... ‚nein, bitte nicht, bitte nicht', sag ich in meinen Gedanken. Papa nimmt meine Finger und legt sie an sein Ding. Er drückt es immer wieder dagegen, bis es ganz hart ist. Dann steckt er einfach seinen Finger bei mir rein. Am liebsten möchte ich sterben. Lieber Gott! Gott, ich hasse dich! Ja, ich hasse dich! Du hilfst mir nicht! Warum nicht? Du hilfst mir nie! Immer lässt du mich im Stich!
Ich rücke hoch, aber die Finger sind überall. „Aua", schreie ich tonlos auf, „Papa, Papa." Ich will laut schreien, aber es funktioniert irgendwie nicht. Jetzt stöhnt er auch noch. Schreckliche

Geräusche – und immer wieder steckt er den Finger in meine Maus. Er drückt mich so fest an sich, dass ich keine Luft mehr kriege. Alles brennt in mir. Ich habe Angst!
Jetzt fühle ich, wie es so komisch nass wird an meinem Bein. Und dann steht er auch schon auf, küsst mich auf die Stirn und sagt: „Du bist so ein braves Mädchen!" Und weiter meint er: „Aber du darfst mich niemals verraten, hörst du, niemals!" Ich starre ihn an mit meinen großen, blauen Augen und nicke schnell: „Ja, Papa!", antworte ich ihm. Nun kommt er wieder ganz nah und flüstert mir ins Ohr: „Solltest du es doch tun, bringe ich dich einfach um und werfe dich in die Regattabahn – oder ich vergrabe dich irgendwo im Wald. Es wird eh keiner bemerken!"
Ich unterdrücke meine Tränen, ich kann sie einfach runterschlucken. ‚Sonst bringt er mich sofort um', denke ich. „Ich habe dich lieb, Papa", antworte ich leise. Ich will doch nur, dass er lieb zu mir ist. Er sagt gar nichts und geht aus dem Zimmer.
Ist das ekelig, das komische, nasse Zeug an mir. Ich möchte sterben! Lieber Gott, ich möchte einfach tot sein.
Gibt es im Himmel auch so Sachen? Du siehst doch alles.
Sekunden später springe ich auf. Überall brennt es bei mir.
„Bist du wach?", rufe ich meinen Bruder ganz leise. „Hörst du mich?" Keine Antwort! Ich stehe auf und laufe im Zimmer hin und her, suche nach meiner Strumpfhose.
Ah, da hab ich doch einen Pullover, den ich mir hinter der Türe aus dem Wäscheberg rausziehe. Damit rubbele ich mein Bein sauber. Es klebt ekelig. Mit Spucke mache ich den Pulli nass. Dann geht das ekelige Zeug besser ab. Immer wieder scheuere ich den Pulli über mein Bein, aber es will nicht ganz

verschwinden. Jetzt kleben auch noch meine Finger. Ach, egal, ich geh jetzt zur Türe und versuche, durch den Türschlitz zu gucken. Ich will wissen, ob er da ist und ob ich vielleicht die Mama sehen kann. Doch ich sehe niemanden. Als ich versuche, die Türe leise zu öffnen, stelle ich fest, dass ich sie nicht öffnen kann. Er hat sie von außen angebunden. An der Türklinke ist ein Gummiband befestigt und es führt zu einem Nagel an der Wand. Wir kommen nicht raus. Ich fange an zu weinen, ich will hier raus! Der Kloß in meinem Hals geht einfach nicht weg. In meinem Bauch hab ich so ein komisches Gefühl. Ich kann nicht einschlafen. Wenn meine Augen geschlossen sind, sehe ich ständig sein Gesicht vor mir. Diese großen, blauen Schlitzaugen, Dreitagebart und Schnauzer, blond-braune und auch schon etwas graue, kurze Haare, ‚Hitler-Scheitel', wie meine Mutter immer sagt. ‚Wer ist Hitler?', frag ich mich.
Immer noch hab ich den Gestank in meiner Nase, den widerlichen Biergeruch aus seinem zahnlosen Mund. Obwohl er noch gar nicht so alt ist, fehlen ihm oben fast alle Zähne. Kommt es daher, dass er immer so ekelhaft aus dem Mund stinkt? Oder kommt das vom Bier?

Ich finde einfach keinen Schlaf. Nicht nur mein Körper fühlt sich ganz komisch an. Die Beine brennen und schmerzen, wenn ich sie nur leicht berühre. Ganz leise stehe ich auf und gehe zum Fenster. Langsam wird es hell. Die Vögel singen so schön! Lieber Gott, ich möchte auch ein Vogel sein, dann könnte ich ganz weit wegfliegen.

Ich drehe mich um und schaue mich in meinem Zimmer um. Alles, die braunen Holzwände und Decken, wirkt hier irgendwie dunkel, obwohl es ja draußen schon hell ist. Hässlich finde ich das alles hier.
Das komische Gefühl ist wieder da, das heißt, es war ja überhaupt nicht weg. Und dieser blöde Kloß in meinem Hals fängt wieder an zu drücken. Ich will nicht weinen, nein, nein – ich weine nicht und setze mich auf den dreckigen, blauen Sternenteppich – und dann fange ich doch an zu weinen, leise, ganz leise weine ich ein paar Tränen, die über mein Gesicht kullern.
Alles ist doof hier. Zu spielen gibt's nichts. Mein Bett steht direkt an der Türe, neben einem braunen Schrank. Daneben steht ein Schreibtisch, immerhin. In diesem hässlichen großen braunen Schrank gibt es leere, große Fächer. In die krieche ich gerne rein, wenn wir Verstecken spielen. Hinter den zwei Türen im Schrank liegt ein riesiger Haufen Wäsche. Alles liegt durcheinander. Ich hab keine schönen Anziehsachen. Alle meine Klamotten sind hässlich und stinken. Ich hasse euch alle hier, ja alle!
Ich gucke zu meinem Bruder rüber. Sein Bett steht zwischen Schrank und Fenster. Wie kann der nur so schlafen? Mit seinem komischen, dreckigen Gesicht und seinen dünnen Lippen und seinem Hitler-Schnitt. Der hat so einen Hitler-Haarschnitt, ähnlich wie Papa. Ich muss lachen. Mein Bruder sieht total lustig aus, wie der so daliegt und schläft. Ist mir noch nie so aufgefallen.
‚Eigentlich', denke ich, ‚könnte der ja mal langsam aufstehen.'
Leise schleiche ich zu ihm ans Bett, beuge mich vor, bis ich an seinem Ohr bin, atme tief ein, schlucke Spucke herunter, rülpse ihm ins Ohr und schreie dabei: „Aufstehen!" Und dann lache

ich mich halb tot. Er findet das natürlich gar nicht lustig, schlägt nach mir und faselt, noch halb im Tiefschlaf: „Wenn ich dich kriege, Gina." Ich muss wieder fürchterlich lachen: „Ja, komm, versuch's doch!" Plötzlich springt er auf und rennt mir hinterher. Ich laufe zu meinem Bett und verstecke mich unter der Decke. Er haut mir auf den Rücken, doch ich merke es kaum. Nun reißt er mir die Decke weg und boxt mich. Ich trete wild um mich, kann ihn aber nur am Bein treffen. Wir schreien beide laut und lachen dabei ausgelassen. Plötzlich geht die Türe auf, Papa steht in der Türe: „Ihr Bastarde, ihr dreckigen Hunde", brüllt er sofort und stürmt auf uns zu, schlägt nach mir, nimmt unsere Arme und dreht sie nach hinten um. Mein Bruder blutet aus der Nase, weil er den Ellenbogen von Papa auf die Nase bekommen hat. Als er endlich von uns ablässt, droht er uns, immer noch sehr wütend: „Wenn ich jetzt noch einen Ton von euch hören sollte, gibt es richtig Prügel, habt ihr mich verstanden?" Ich schüttle nur den Kopf: „Ja, Papa, Ehrenwort." „Du kleine Fotze, ich will keinen Ton hören, hab ich doch gesagt." Ich verkrieche mich schnell unter meiner Decke und drehe mein Gesicht weg.

Wenige Augenblicke später höre ich, wie die Türe ins Schloss fällt. Schnell springe ich auf und gucke sofort nach meinem Bruder, schaue ob seine Nase blutet Er weint. „Lass mich in Ruhe!", faucht er mich an. „Du bist schuld, dass ich Schläge gekriegt habe!"
„Entschuldigung!", sage ich und küsse ihn auf die Schulter.
Als ich draußen Schritte höre, verkrieche ich mich schnell wieder in mein Bett. Die Türe geht auf. Sofort brüllt Papa meinen

Bruder an: „Steh auf, beweg dich. Du auch", damit meint er mich. Gebückt und den Kopf eingezogen laufen wir an ihm vorbei. „Nehmt die Hände runter", sagt er wütend zu uns, „geht ins Schlafzimmer, ich will euch sehen." Wenige Augenblicke später stehen wir beide ratlos im Schlafzimmer vor dem Bett unseres Vaters. Mama schläft noch. Nun wiederholt Papa seine Drohung von vorhin: „Sollte ich jetzt noch einen Ton hören, zeig ich euch, was es heißt, nicht das zu tun, was der Papa sagt. Und jetzt geht mal ein Stück zurück an die Wand, die Arme nach oben – und die bleiben oben, ist das klar?" „Ja, Papa!", antworte ich kurz für uns beide. Mein Bruder nickt nur, aus Angst, etwas Falsches zu sagen. Ich kann auf die Uhr am Bett meines Vaters sehen. Es ist 6:41, noch früh.

‚Müssen wir jetzt die ganze Zeit hier stehenbleiben?', frage ich mich. Egal, das ist ja gar nicht so schlimm, nur die Arme hochstrecken, das ist so furchtbar anstrengend. Das brennt so. Ich muss auf einmal wieder – ganz leise – lachen. Mein Bruder schubst mich ein bisschen an, damit ich aufhöre. Aber ich kann nicht anders. Die Mama schnarcht so komisch laut. Das hört sich an, als wenn sie gar keine Luft kriegen würde. Papa wirft drohend einen Blick zu mir rüber. Direkt bin ich wieder ruhig, schaue auf den Boden. Dabei werden meine Arme immer schwerer und schwerer. Schnell lasse ich sie für einen Moment runterhängen, hebe sie aber schnell wieder hoch. Dass ja der Papa das nicht bemerkt! Es tut weh, alles zieht in meinen Armen, aber auch mein Bein brennt noch, von der letzten Nacht, von dem, was da passiert ist mit dem Papa. Die Uhr blinkt:

7:20 Uhr. Papa wird wach, steht auf und geht in die verrauchte Küche. Wir dürfen mitgehen und uns auf die Eckbank setzen. Ich zähle die Blumen und Kaffeetassen an der Tapete. Fünf, sechs Tassen kann ich zählen an der einen Wand neben dem kleinen Küchenfenster. Mein Bruder sitzt still neben mir und zittert immer noch. „So, ihr zieht euch jetzt an, wir machen einen Spaziergang nach Düsseldorf zum Flughafen."
Heute ist Samstag – keine Schule.

Lebenslänglich

Ein Spaziergang

Wir laufen los, und ich habe riesigen Hunger. Was andere Menschen wohl um diese Zeit machen, ob sie jetzt frühstücken und lachen oder rumtoben dürfen? Wir jedenfalls laufen die Regattabahn entlang. Bis zum Ende müssen wir laufen, um danach am Entenfang vorbeizukommen. Immer nur Wald und Wasser. Ich hasse es, hier langzulaufen. Überhaupt mitzulaufen nervt total. Mein Bruder läuft weit vor uns her und findet es irgendwie gut. Glaube ich. Er schaut wieder so lustig. Seine Hose ist viel zu groß und er hat ein Stück Wäscheleine als Gürtel umgebunden. Die Hosenbeine sind umgekrempelt, bestimmt zehnmal und seine Hose sieht aus, als wenn er reingekackt hätte. Ich muss kichern. Papa versteht gar nicht, warum. „Papa, müssen wir noch lange laufen?" Papa antwortet: „Nein, immer der Nase nach, dann kommen wir schon sicher an. Das kann schon ein bisschen dauern. Jetzt müssen wir noch was zu essen holen: Blutwurst und ein paar Brötchen, Hörner-Tee nicht zu vergessen." „Hörner-Tee? Ach so, das ist doch die grüne Flasche mit dem Hirschkopf drauf, oder?" „Ja, genau!" Und eine Flasche Alt, das ist sein Bier, das er morgens, mittags und abends trinkt. „Eine Flasche Bier sind acht Scheiben Brot, keiner frühstückt so gut wie ich", sagt er immer. Wir laufen weiter durch Felder, die mir unendlich riesig vorkommen. Als wir vorhin beim Metzger waren, hat Papa einen Ring Blutwurst gekauft. Igitt, ist die Wurst ekelhaft. Ich hab direkt abgelehnt, etwas zu essen: „Papa, ich möchte nichts!" Mein Bruder hat die Wurst gegessen, als wenn es sein Lieblingsessen wäre. „Das Blut in der Wurst gibt dir Kraft und macht dich stark", hat Papa gesagt, als er ihm ein Stück abgeschnitten hatte. Mann, hat's mich geschüttelt bei dem Gedanken, Blut zu essen! Wir sind schon ziemlich weit durch die Felder und Wälder gelaufen.

„Papa, meine Füße tun weh", jammert mein Bruder. „Ja, das geht vorbei – und jetzt beweg dich, das schaffen wir schon. Und so lange brauchen wir auch nicht mehr."
„Können wir eine Pause machen? Oder können wir hier schlafen – und morgen weitergehen?", jammert der Arme immer weiter. Papa holt die grüne Flasche Hörner-Tee raus und trinkt sie mit einem Schluck leer. Das Zeug stinkt. Wie soll ich das ertragen? Langsam sammelt sich vor Ekel Wasser in meinem Mund und ich muss würgen, einfach so. Nun versuche ich, mich auf meine Schritte zu konzentrieren. Keiner sagt was. Stundenlang, so jedenfalls kommt es mir vor, laufen wir eine Straße mit Blumenfeldern, abgelöst von Maisfeldern, entlang. Weit und breit ist keine Bank zu sehen, wo wir uns hinsetzen könnten. Es ist sehr warm und ich habe riesigen Durst. Ich könnte ein Meer austrinken! Wir überqueren eine Brücke. Der kleine Anstieg hinauf auf die Brücke macht meine Beine ganz schwer und ich werde immer langsamer. In der Mitte der Brücke wird es wieder ebener, wir bleiben stehen und schauen alle von der Brücke hinunter. Wir betrachten die Bahnschienen und die wenigen Bäume. Genau vor uns ist ein riesiger, blau-roter Stern

zu sehen. Nein, es ist kein richtiger Stern, es hat doppelte Ecken im Stern. An jeder der Ecken ist ein Pfeil dran, der in eine Richtung zeigt. Über dem Pfeil ist ein Kreis, in dem die Buchstaben O, S, W, N stehen. „Papa, was ist das denn da für ein Stern?", frage ich meinen Vater. „Das ist kein Stern", lacht er, „das ist ein Kompass. Siehst du die Buchstaben da drinnen, das sind die Himmelsrichtungen: Osten, Süden, Westen, Norden", erklärt er mir genau. „Und dazu gibt's einen Spruch: ‚Im Osten geht die Sonne auf, im Süden macht sie Mittagslauf, im Westen will sie untergeh'n, im Norden ist sie nie zu seh'n.' Und wenn du die Himmelsrichtungen alle genau kennst, wirst du dich nicht mehr verlaufen, sondern immer einen Weg nach Hause finden können. Das müsst ihr üben, immer üben!" Wir schauen noch ein paar Minuten auf den Kompass und wiederholen immer wieder diesen Spruch: Im Osten geht …

Nach einiger Zeit können wir es schon singen. Mein Bruder rennt die ganze Zeit voraus, reißt dabei alle paar Meter ein paar Blätter von den Sträuchern ab und krümelt sie zu Boden. Vielleicht verlaufen wir uns ja und finden den Weg nicht mehr nach Hause. Vielleicht bringt Papa uns jetzt um und läuft deswegen so weit weg. Ein bisschen Angst bekomm ich. Warum habe ich plötzlich bloß solche Gedanken? Doch ich beruhige mich selbst wieder. Es ist auch gut, dass mein Bruder diese Blattspuren legt. ‚Nein, Gina, wir kommen schon nach Hause', sag ich mir immer wieder. Jetzt bekomm ich doch wieder Hunger. Nach einem Brötchen frag ich aber nicht. ‚Nur mit Blutwurst zusammen', wird er sagen. Egal, dann esse ich lieber nichts.

Etwas später kommen wir an einer riesigen, blau-schimmernden Brücke vorbei. Darunter alles Felder, Maisfelder. „Papa, kann man das essen?", frage ich ihn, als ich die großen Maiskolben sehe. „Ja, das ist Mais, der ist sehr lecker." „Lecker?", frage ich. „Kann man die Dinger essen?" Wir gehen ganz nah an den Feldern vorbei. Papa reißt so ein Ding ab. Es ist groß, hat lange, grüne und braune Blätter. Komisch sieht es aus. „Klar kann man die essen, man muss nur die Blätter abmachen" und schon pflückt Papa einen Maiskolben, reißt die Blätter von oben nach unten ab. Etwas Gelbes kann ich sehen. Ganz viele kleine, gelbe Punkte sind in einer Reihe und untereinander rundherum um dieses Ding. „Maiskolben nennt man das, schön stramm, wie mein Schwanz", sagt mein Papa und lacht mich so komisch an. Sofort senke ich den Blick zum Boden, damit diese bösen Augen von ihm mich nicht durchleuchten können.
‚Ich hasse dich', kommt wieder dieses komische Gefühl in mir hoch und ich denke: ‚Bin ich jetzt schon groß oder bin ich noch klein?'
Papa drückt mir den Maiskolben in die Hand, reißt noch zwei weitere ab und gibt meinem Bruder einen: „Mach alle Blätter ab und iss. Die machen dich groß und stark. Nicht nur das, du hast dann richtig was in der Hose, Jung'" – und lacht dabei laut. Ich kann nicht einen Zahn in seinem aufgerissenen Mund finden. Ekelhaft. ‚Was in der Hose haben' – was meint er denn damit?
Wir gehen weiter, mein Bruder läuft wieder vor. Ich fange an, den Maiskolben zu essen, Reihe für Reihe zählend abzubeißen. Lecker schmeckt das, hoffentlich kommen wir an noch ganz vielen Maisfeldern vorbei, dann muss ich auf jeden Fall nicht

die komische Wurst essen. Und ich hab immer was zu essen. Endlich sehe ich eine Bank. „Papa, können wir auf der Bank da vorne eine Pause machen?" Seit Stunden sind wir schon unterwegs. Meine Füße sind ganz heiß und klopfen schon. Die Schuhe drücken an meinen kleinen Zehen. Das tut ganz schön weh. Na klar, wenn ich seit Wochen laufen muss. Fühlt sich an wie Wochen, anstatt nur Stunden. Meinen Maiskolben habe ich aufgegessen. Übrig ist nur noch ein knubbeliges Stück, wie ein Stück Holz. Ich halte es fest in meiner Hand und trage es, bis der nächste Mülleimer kommt. Papa schaut mich an: „Sag mal, Claudine, warum musst du mich eigentlich immer verraten?" Ich erstarre vor Angst. Warum fragt er mich das? Ich sag einfach gar nichts! „Schau mal, wenn du mich verrätst, kann ich ganz viel Ärger bekommen. Nicht, dass es verboten ist. Aber ich kann ja nicht für alle da sein! Du musst wissen, alle finden das schön, weil es gut ist, frag mal deine Schwester, wenn sie uns besuchen kommt. Die weiß das auch. Ich hab es ja mit ihr auch gemacht. Du musst wissen, wenn man einen Menschen liebt, dann macht man das so, es ist was ganz, ganz Besonderes. Und wenn du es immer schön mitmachst und nichts verrätst, wirst du nie Ärger haben, alles wird immer gut sein." „Papa, ist das noch sehr weit? Meine Beine sind ganz schwer." „Wenn die nächste Bank kommt, kannst du dich ausruhen." Mit einem breiten Grinsen schaut er mich an. „Hier, guck mal", dabei schaue ich zu ihm. Jetzt nimmt er meine Hand. Ich hasse das, wenn er das macht! „Fühlst du, wie hart mein Schwanz ist? Geil ist das, er liebt dich!" Papa drückt meine Hand an seinem Ding. Ich mag es nicht, auch nicht das Wort. Kann mein Bruder nicht mal stehenbleiben? Ist das gemein, was mach ich denn nur falsch? Bitte, lieber Gott, es muss dich doch geben! Du siehst doch, was passiert! Wir laufen geradewegs auf die Bank zu und setzen uns hin. Meine Füße sind heiß und tun weh. „Komm zurück, wir machen eine Pause", ruft Papa ihn. „Meine Frage hast du nicht beantwortet", fängt er schon wieder an, „warum musst du mich immer verraten?" Ich starre vor mich hin. „Ich weiß es nicht, Papa, es tut mir sehr leid." Irgendwie finde ich, dass seine Augen jetzt ganz traurig aussehen. Es macht mich auch traurig. Aber ich weine nicht. „Gina, warum guckst du so traurig?", fragt mich mein Bruder, als er bei uns angekommen ist. „Ich bin doch gar nicht traurig, meine Füße tun nur weh, genau wie deine. Nur, ich heule nicht so rum wie du." „Deswegen machst du auch gerade eine Pause!", spottet er über mich. ‚Ist der doof, mein Bruder', denke ich nur. Papa macht sich eine Zigarette an. „So, Junge, ich will, dass du jetzt da unten am Bach Holz suchen gehst. So viele kleine Äste wie du finden und tragen kannst. Damit können wir ein kleines Feuer machen." „Und die Gina?", fragt mein Bruder nach. „Sie bleibt hier, ich muss mit ihr reden." „Papa, ich kann ihm doch helfen, dann sind wir schneller fertig mit dem Aufsammeln". „Nein, du bleibst hier bei mir, ich zeig dir was Schönes." Mein Bruder ist schon losgelaufen. ‚Was zeigt Papa mir denn Schönes?', stell ich mir selbst die Frage. Irgendwie freue ich mich – was kann es nur sein? Er schnippt seine Zigarette weg und stellt sich vor mich hin. Holt er jetzt ein Geschenk für mich aus der Jacke? „Fühl mal", und drückt meine Hand an sein Ding. „Hol ihn mal raus und küss ihn. Glaub mir, es fühlt sich gut an." Wie, ich soll das Ding rausholen und

küssen? Bäh, bäh – das ist doch ekelhaft, da kommt doch Pippi raus und stinkt total. Ich hab Angst und muss würgen.
„Mach schon", sagt Papa und führt meine Hand zu seiner Hose. Mit meinen kleinen, dreckigen Fingern öffne ich die Hose und hole ihn raus. „Das ist schön, du musst ihn jetzt rauf und runter drücken und dabei küssen." Er nimmt meine Hände und zeigt mir, wie ich es machen soll. Dabei drückt er meinen Kopf an sich. „Jetzt nimm ihn schon in den Mund, später, wenn du einen Freund hast, musst du es auch machen." Warum muss ich das später auch machen? Niemals werde ich das. Mir wird schlecht, ich muss würgen. Immer wieder drückt er mir das ekelige Ding in den Hals, sodass ich kaum Luft bekomme. Er stöhnt immer lauter und lauter. „Gut machst du das, mein Schatz", stöhnt er.
Mir kullern die Tränen herunter, ich kann sie überhaupt nicht mehr aufhalten. Ich kann nicht mehr, mein Hals tut weh. Ich fange so doll an zu würgen, dass ich mich übergeben muss. „Hey, was machst du denn, das ist nicht so schön, das üben wir noch, dann klappt es besser. Sag schon, das war doch schön – oder? Er ist doch schön hart. Das hat nicht jeder, so einen schönen Schwanz."
Ich bekomme kein einziges Wort mehr heraus, ich schäme mich so. Tränen laufen mir übers Gesicht. Warum muss ich das alles machen? Am liebsten möchte ich abhauen, aber dann finde ich nie mehr nach Hause. Ich will zu meiner Mama!
Papa macht sich gerade mit Taschentüchern sauber. Er hat zwei Packungen dabei und verbraucht fast eine ganze Packung. „So, jetzt können wir doch kein Feuer mehr machen, die Tücher reichen nicht aus. Sonst haben wir nichts mehr zum

Abputzen. Komm, wir schauen jetzt mal, wo dein Bruder ist."
Er zieht mich in seinen Arm und meint: „Wenn deine Mutter das mal so schön machen würde wie du es jetzt gemacht hast! Wunderschön war es!" Was soll ich nur antworten? Ich entschließe mich, nichts mehr zu sagen, bis wir wieder zu Hause sind. „Du musst mir versprechen, nichts der Mama zu sagen. Die Alte ist eh nur eifersüchtig auf dich. Weil du schon so hübsch bist mit deinen sieben Jahren."

„Ja, ich verspreche es!" Mehr krieg ich nicht raus.

Lebenslänglich

Das bin ich heute

Ich bin dreiunddreißig Jahre alt, als ich dies schreibe – und alles fühlt sich schrecklich an.
Leere, absolute Leere; Traurigkeit und Verzweiflung macht sich breit. Jeder denkt, die starke, coole Sabrina Claudine Wendelburg. Das erste Buch ist längst fertig und veröffentlicht: „So lange bin ich vogelfrei". Unter dem Namen Sabrina Tophofen stehe ich in der Öffentlichkeit. Alle glauben, ich hätte es längst geschafft. Nur, dass ich gerade am Boden zerstört bin, fällt niemandem wirklich auf. Wie auch, irgendwie muss ich doch mein Gesicht wahren. Cool sein, ja nicht zugeben, dass gerade alles schiefläuft.
Ich habe fünf Kinder und die absolute Verantwortung dafür, dass es allen fünf gut geht. Aber wie soll das funktionieren, wenn ich selbst gerade wieder klein bin. Ich weiß es nicht so genau, weil die Traurigkeit viel größer ist als meine Kraft aufzustehen und weiterzugehen. Ich bin verzweifelt!
Wieso passieren so viele Dinge, die in meinen Augen so ungerecht erscheinen? Bin ich wirklich ich oder verstecke ich mich nur vor der Wahrheit? Was soll ich tun? Mich belastet meine Kindheit. Sie belastet mich schon mein ganzes Leben lang, nur, dass ich sie schon immer gut verstecken konnte. Dass mich das in meinem Denken und Handeln oft aufgehalten hat, habe ich nie bemerkt.

Jetzt, wo ich meine große Liebe verloren habe, mein Leben auf dem Kopf steht, merke ich, wie schlecht es mir wirklich geht.
Ich muss endlich alles aufschreiben. Alles! Nur so kann ich damit fertig werden. Es ist meine Art der Therapie. Die Leute müssen erfahren, wie es in einem Menschen aussieht, dem das passiert, was mir passiert ist. Ich bin Opfer meiner Peiniger, die sich Mama und Papa nannten oder auch Bruder und Schwester. Ich möchte allen Kindern dieser Welt eine Stimme geben. Sich nicht mehr verstecken zu müssen. Wir sind nicht alleine, obwohl es sich oft so anfühlt. Keiner kann es erahnen, kann es fühlen, wie verzweifelt man ist ... Ich kann kaum meine Tränen unterdrücken, sie laufen einfach. Es ist erdrückend, diese Stille in mir.

Wenn ich so zurück auf meine Kindheit schaue, kann ich es kaum begreifen: Das bin ich, die dieses seltsame Leben hatte. Niemand hat mir geholfen, keiner wollte zu mir halten. Kein Selbstmitleid bitte, schau an, jetzt kommt wieder diese Heulnummer! Ja, jetzt kommt es auch, dass man sich selbst bemitleidet, dass ich mich bemitleide. Welch ein mickriges Leben hatte ich? Und nichts konnte daran geändert werden. ‚Bin ich selbst schuld?', habe ich mich immer wieder gefragt. Selbstzweifel zerfraßen mich. Natürlich bin ich nicht selbst schuld! Wie auch? Ich war noch ein Kind, ein kleines Kind. Aber oft kommt einfach dieser Gedanke in mir hoch: Ein Scheißleben – ich will sterben! Mich kann eh keiner verstehen.
Ja, es gibt viele, die Ähnliches erlebt haben. Doch war es wirklich genauso wie bei mir? Nein, das glaube ich nicht, dass so viele Eltern ihren Kindern so was antun können.

Als ich den Fernseher einschalte, sehe ich gerade in den Nachrichten eine Meldung aus Österreich. Dort wurde die Tochter eines Mannes vierzig Jahre lang missbraucht.
Mein Atem stockt, meine Tränen laufen mir übers Gesicht. Ist das unsere Gerechtigkeit? So viele erleben so was und nichts wird geändert! Kein Gesetz ist in der Lage, tatsächlich eine angemessene Strafe für diese Täter zu verhängen. Nein, im Gegenteil, die bekommen Therapien bezahlt. Und dürfen sogar wieder in unsere Gesellschaft integriert werden. Warum ist das möglich? Für mich persönlich hat jeder Mensch Tausende Chancen verdient, wenn man vom rechten Weg abgekommen ist. Aber nur eine Chance, was Kindesmissbrauch oder Vergewaltigung betrifft – oder wer ein Kindermörder ist. Der hat jegliches Recht, in unsere Gesellschaft wieder integriert zu werden, verloren. Da dürfte es keine Chance mehr geben. Sind wir doch ehrlich: Ich habe keine Chance bekommen, sagen zu können „Hey, Topi, vergiss alles, was passiert ist, mit einer Therapie bekommen wir das schon wieder hin." Dass ich normal leben, weiterleben könnte? Nein, im Gegenteil. Ich habe, obwohl ich Opfer war, wehrloses Opfer war, die Höchststrafe bekommen:

Lebenslänglich!

Nicht der Täter, mein Peiniger, **ich** habe

lebenslänglich!

Daher habe ich es mir auch zur Lebensaufgabe gemacht, immer und immer meine Kinder zu beschützen. Menschen im Auge zu behalten und kritisch mit allem zu sein. Die einfach ganz normal sind und wohl auch nichts Böses im Schilde führen. Dennoch, man kann jedem nur vor den Kopf schauen, nicht in ihn hinein.

Ich weiß, ich bin manchmal richtig zweigespalten. Mal bin ich ganz aufgeschlossen, dann wieder total zurückgezogen, mal voller Glück und dann doch wieder am Boden zerstört. Und das kann nur eine Minute später sein – dass alles kopfsteht! Gerade kann ich mich noch glücklich fühlen, von einer Minute auf die andere schlägt das um, und ich verfalle in tiefe Traurigkeit.
Sich immer wieder neu finden und entdecken zu müssen, das ist schwer und kostet sehr viel Kraft. Menschen in meiner Umgebung verstehen mich und die Welt überhaupt nicht mehr.
Man traut sich ja nicht immer über alles zu reden.
Aber man muss trotzdem sich zurechtfinden und normal weiter leben. Im Grunde genommen sieht es kein Mensch, was in mir vorgeht oder in anderen Opfern, die diese Gedanken und Erinnerungen in sich tragen müssen. Und es interessiert natürlich auch niemanden! Ist ja klar, ich bin kein Star oder sonst irgendwer Besonderes, über den man sich öffentlich Gedanken machen müsste. Es ist ein Tabuthema – egal bei wem es passiert ... Nur wenn wir irgendwas herausfinden, was interessant für die Medien ist, wird kurz drüber öffentlich gesprochen. Oft aber nur, damit wir Deutschen nicht unser Gesicht verlieren und sagen können: Hey, wir sehen das Geschehen und helfen natürlich auch. Ha, dass ich nicht lache ... Hier geht's nicht um

tatsächliche Hilfe, sondern nur darum, dass unsere extreme Neugierde befriedigt wird! Für den Moment sind wir fassungslos, dass so etwas tatsächlich auch hier in Deutschland passiert. Unsere Gesellschaft hat Angst, das Thema anzusprechen und wirklich etwas dagegen zu unternehmen. Wenn man es offen zugeben würde, müssten sich sehr viele Menschen eingestehen, dass sie sich mitschuldig gemacht haben. Weil viele Bescheid wissen, aber nicht geholfen haben. Warum – nur weil man sagt, es geht mich nichts an, wenn es mich persönlich nicht betrifft. Das sehe ich ganz anders. Denn unsere Kinder sind doch die Zukunft unserer Gesellschaft. Und kann das wirklich unsere Vorstellung sein, unseren Kindern beizubringen – psst … es geht uns nichts an, wenn es nicht unsere eigenen Kinder sind. **Falsch, jedes Kind hat das Recht auf Hilfe!** Und wenn wir nicht bereit sind zu helfen, wer soll es denn dann tun können? Wir sind doch verantwortlich dafür, dass wir mit unseren Herzen und Gewissen sagen können: Ich bin zu jeder Zeit bereit, einer kleinen Kinderseele zu helfen!

Lebenslänglich

Schläge und Demütigung

Ich gehe jetzt in die dritte Klasse.
Morgens renne ich schnell dem Bus hinterher, bis zur nächsten Haltestelle. Der Busfahrer kann mich sehen und wartet, bis ich es endlich mit meinen kleinen Beinen schaffe, mich dem Bus zu nähern und einzusteigen.
Wir fahren los. Ich habe Angst. Bestimmt bekomme ich wieder Ärger, weil ich zu spät bin. Nach 15 Minuten Fahrt komme ich endlich in der Schule an. Der Schulhof ist leer. Ich könnte losheulen. Nicht nur, weil ich wieder Ärger mit der Lehrerin kriege, nein, auch meine Mitschüler lachen mich aus. Die hassen mich alle. Freunde habe ich keine. Richtig, ich bin ja eine Scheiß-Zigeunerin. ‚Claudine ist die, die immer klaut', sagen die zu mir. Claudine, was für ein doofer Name. Wenn ich irgendwann groß bin, heiße ich einfach anders. Aber das dauert noch hundert Jahre. Ob ich überhaupt groß werde? Oder muss ich immer hier bleiben, als die kleine Zigeunerin. Tausend Fragen, die mir durch den Kopf schießen. Mein Herz klopft so schnell, dass mein T-Shirt mitklopft. Ich stehe vor der Türe meiner Klasse – und trau mich nicht reinzugehen. Diese Blöden, die wissen doch gar nicht, warum alles so scheiße ist. Oder können die doch in mein Gehirn gucken und wissen alles, was zu Hause passiert? Oh nein! Klar, dass die mich alle hassen. Dann sehen die alle, wie dreckig es bei uns zu Hause ist. Und was der Papa mit mir macht. Dann

sagen die: „Das ist aber ekelig." Die sagen sowieso schon: „Iiihh, die stinkt!" Und alle lachen mich aus.

Ich reiße einfach schnell die Türe auf und betrete den Klassenraum. Sofort kichern alle vor sich hin. „Bah, da ist die Klauerin", sagt Carsten, total gemein ist der immer zu mir. Er ist viel größer als ich und dick und fett. Schwabbelig find ich den. „Carsten, es reicht jetzt. Claudine, setz dich bitte", sagt meine Lehrerin, Frau Sch., endlich. „Hast du deine Schreibhefte heute dabei? Und ein Lineal?" Ohje, ich „hab keine Hefte dabei und auch keine zu Hause. Mama kauft mir keine Sachen für die Schule. Immer fehlt mir was. Ich könnte losheulen oder einfach wieder aufstehen und weglaufen. Mein Gesicht wird ganz heiß. „Äh, nein, Frau Sch.", stottere ich, hab sie zu Hause vergessen, aber morgen bring ich die wirklich mit." „Okay, wenn du deine Sachen morgen nicht dabei hast, kannst du nicht mitarbeiten", meint Frau Sch. noch. Alle lachen über mich. „Typisch Topi, hehe ...", lacht Marco, der Rollmops, laut, „ist doch normal bei euch Zigeunern, ihr wohnt doch eh alle im Wohnwagen und habt keine richtigen Anziehsachen." Ich schaue an mir herunter und werde wütend und traurig. Ich habe eine blaue Hose an, die zu groß und an den Knien ganz schwarz vor Dreck ist. Mein T-Shirt ist grün und hat zwei hässliche Flecken.

Meine Jeansjacke stinkt ein bisschen. Meine Sandalen sind pink, die sind aber schön. Ich habe keine Unterhose an, mein Schrank ist ja leer. Die Sachen, die ich gerade trage, habe ich alle aus dem Berg Wäsche vom Zimmer hinter der Türe. Zum Glück wissen die in der Schule nicht, wie es bei uns zu Hause aussieht. Das Gummi an meiner Hose habe ich ganz fest

zusammengebunden und drei Knoten reingemacht.
Frau Sch. gibt mir leere Blätter und ein Lineal. Rechnen steht auf dem Stundenplan. Sie schreibt die ganze Tafel mit Aufgaben voll ... und wir müssen die alle rechnen. Ich kann gar nicht mehr denken und schaue aus dem Fenster hinaus, während alle anderen ihre Hefte schön vollschreiben.
Ich kann das eh nicht, weil ich zu dumm bin. Langsam ziehe ich einen Nagellack aus meiner Tasche und pinsele meine dreckigen Fingernägel an. Dann kann man den Dreck nicht mehr sehen, wenn ich sie schön anmale. Unter meinem Tisch lege ich meine kleinen Finger hin und male einen Fingernagel nach dem anderen an. Ein bisschen habe ich über meine Finger gemalt. Das sieht total blöd aus. „Claudine" – ich erschrecke, der Nagellack kippt über meine Beine. Frau Sch. steht vor mir und sagt: „Was machst du denn da? Du solltest so was zu Hause machen und nicht den Unterricht stören. Deine Finger sehen schrecklich aus. Es klingelt in einer Minute, dann gehst du dich bitte waschen. Gib mir mal den Nagellack, den kann deine Mutter hier abholen." Kaum ausgesprochen, klingelt es auch schon. Alle packen ihre Sachen zusammen und holen ihr Frühstück raus, bekommen leckeren Kakao. Ich renne direkt aus dem Klassenraum zum Klo und versuche, meine Finger sauberzumachen. Frau Sch. wird bestimmt in mein Mitteilungsheft schreiben, dass ich Nagellack dabeihabe. Schön, Claudine, jetzt gibt's wieder Schläge dafür. Hätte ich ihn doch lieber zu Hause gelassen. Warum hab ich den nur mitgenommen! Meine Finger werden nicht sauber, egal. Ich geh raus auf den Schulhof, wo Carsten schon auf mich wartet. An der Mülltonne entdecke ich ihn,

hoffe, er würde mich nicht sehen. Schnell drehe ich mich um und will loslaufen, da hat er mich schon am Arm gepackt. Er schubst mich immer wieder auf den Boden und sagt ganz fies: „Du bist eine stinkende Kuh, wasch dich mal. Deine Klamotten hast du bestimmt geklaut." Meine Knie tun mir weh, ich blute bestimmt schon. „Lass mich in Ruhe, ich hab dir doch gar nichts getan", sage ich zu ihm. Warum hilft mir denn keiner? Alle hassen mich, glaub ich. Dann sage ich zu Carsten: „Ich sag das meinem Bruder, der haut dich." „Der muss mich erstmal kriegen." Marco taucht auf, der Blödmann – und lacht sich kaputt und meint nur: „Komm, Carsten, die gehört in den Mülleimer." Ich will einfach nur sterben. Sie packen mich an den Haaren. Was soll ich machen? Ich lass mich willenlos in die Mülltonne stecken. Sie sind beide viel größer als ich. Mit acht Jahren bin ich die Jüngste und Kleinste hier. Ich sehe ja eh aus wie sechs und hässlich bin ich auch. „Geil, Claudine, dein neues Zuhause ist doch fast wie ein Wohnwagen." Es klingelt und alle rennen an mir vorbei, dabei mache ich mich ganz klein, unsichtbar. Stumm weine ich in meine von Nagellack verschmierten Hände.

Lebenslänglich

Seltsame Liebe meines Vaters

Mein Bruder spielt mit mir im Zimmer fangen. Die Türe ist wie immer abgeschlossen. Papa ist unten und Mama ist weg. „Wenn Papa hochkommt, frag ich den, ob wir fernsehen dürfen. Er ist bestimmt ganz lieb heute, denn der Papa hat heute ganz viel gelacht." „Cool", ich will aber auf dem kleinen Teppich liegen, ja, bitte, da pass ich ganz genau drauf", sage ich zu meinem Bruder. Der ist bestimmt genauso alt wie ich, im Gummibärchen-Land gibt's Zauberteppiche, mit denen man in den Himmel fliegen und vom Regenbogen rutschen kann. Der Zauberteppich ist nur für mich bestimmt.
„Ja klar", meint er, „und ich quetsche mich mit drauf, dann kann ich nämlich mit dir zusammen rutschen." Wir kichern laut los. Da geht die Türe auf, Papa schaut ins Zimmer, geht aber erst auf die Toilette. „Frag du lieber, ich trau mich doch nicht", verlässt meinen Bruder der Mut. „Nö, du wolltest doch fragen!" „Wenn ich frage, sagt er eh nein. Bitte, Gina, frag du ihn doch, ich räume auch drei Monate lang das Zimmer auf, Ehrenwort." „Machst du sowieso nicht, immer verarschst du mich."
Gina, den Namen habe ich von meinem Opa bekommen. Immer, wenn er uns besuchen kommt, ruft er mich Gina Lollobrigida. Gina rufen mich alle hier zu Hause. Außer mein Papa, der sagt, ich hätte einen richtigen Namen und der ist Claudine. So ruft er mich auch immer.

Papa kommt gerade aus dem Badezimmer und sagt zu mir: „Claudine, kommst du mal bitte nach vorne, es muss gespült und gesaugt werden. Da deine Mutter mal wieder d. u. ist ..." ‚D. u.' bedeutet ‚dauernd unterwegs'. „Papa, darf ich so lange Fernsehen gucken, bis die Gina fertig ist?", fragt ihn mein Bruder. „Nein, du wartest, ich hole dich gleich nach vorne. Du kannst solange den Drecksstall hier aufräumen." Diese blauen Augen meines Bruders, er guckt ganz traurig, als die Türe wieder verschlossen wird. Ich gehe zur Spüle und will Wasser hineinlassen. So viele Sachen muss ich jetzt spülen, ganz alleine. Das macht doch keinen Spaß. Er könnte mir helfen, aber der darf nicht. Papa nimmt mich in den Arm: „Mach mal den Staubsauger an und komm mit ins Wohnzimmer." Der Sauger steht schon in der Küche. Ich schalte ihn ein. Dann gehe ich zum Papa ins Wohnzimmer, wo er ohne Hose auf dem Sofa liegt. Unten ganz nackt, streichelt er sein Ding. „Komm, mein Mädchen, zieh dich aus und leg dich gegenüber auf den Sessel." ‚Oh nein', denke ich, ‚nicht schon wieder.' Ich frag mich, wann die Mama zurückkommt. Kann es nicht an der Türe klingeln? „Komm schon, mein Engel, es wird wieder ganz schön werden. Du bist so hübsch, viel hübscher als deine Mutter. Wenn du mal erwachsen bist, werden dich alle Männer lieben, genauso sehr wie ich dich liebe, mein Engel."

Ich hasse das, wenn er das sagt, als wenn man mich lieben könnte. Diese komische Liebe mag ich überhaupt nicht. Ich guck Papa in seine blauen Augen, **er soll ja nicht wütend auf mich sein.** Also ziehe ich meine Sachen aus. Meine Hände halte ich vor meine Maus und setze mich auf den Sessel vor ihn hin. „Mensch, Süße, mach mal deine Beine auseinander, damit ich deine schönen Lippen sehen kann." Meine Augen sind jetzt fest zugedrückt und dabei mache ich meine Beine auseinander. Es ist furchtbar, ich schäme mich so – und ich habe Angst! „Kannst du nicht was an deinen Lippen spielen? Komm, mach sie was feucht." Wie – feucht, wie soll das denn gehen, hier ist doch kein Wasser? Ich weiß nicht, was Papa von mir möchte, ich verstehe das nicht. „Papa, wie soll das denn gehen?" „Nimm deinen Finger und steck ihn in deinen Mund und dann spielst du mit deiner Zunge dran. Danach steckst du den Finger schön tief in dein kleines Loch." Wie, meinen Finger soll ich da reinstecken, das tut doch weh. „Komm mal hier rüber, ich zeig dir, wie das geht." Soll ich schreien, einfach so laut ich kann kreischen? Der Sauger dröhnt so laut, dass mich eh keiner hören kann. Ich trau mich auch nicht, dann verrate ich ihn ja. Und dann bekommt er Ärger. Das will ich auch nicht! Ich hab ihn doch irgendwie lieb. Oder bekommt er doch keinen Ärger, und alle lachen mich aus? Ist das überall zu Hause so, ich weiß es nicht. „Ist das schön, mein Engel? Du zuckst ja. Ja, das gefällt dir, mein süßes Mädchen." ‚Schön, von wegen.' Ich hab Angst. Er steckt jetzt wieder den Finger in mich rein. Und ganz fest reibt er an meiner Maus. Ich weine nicht, meine Tränen sind in mir drinnen und weinen von innen. ‚Versuch einzuschlafen', rede ich mir selbst zu. Doch es geht nicht, ich bin hellwach. Sagt mein Gehirn immer wieder: Ich bin selbst schuld, ich schreie ja nicht und zu sagen ‚Nein, ich will das nicht', traue ich mich erst recht nicht.

„Komm, nimm den Strammen mal in die Hand und streichle ihn, so schön wie ich das mache." Ekelhaft sieht das aus und so fühlt

sich das auch an. Die Adern platzen gleich, so dick sind die. Das muss doch weh tun, aber Papa findet das schön. „Los, du musst es was schneller machen." Ich rüttele das komische Ding ganz schnell, während Papa dabei an meinen kleinen Minihügeln rumfummelt. Das tut mir sehr weh. Diese Hügelbrust ist hässlich. Warum muss ich die nur haben?
Als Junge wäre das viel cooler, dann wäre ich der Bestimmer, groß und stark.
Vielleicht kann ich da ja reinpicken und da ist Luft drin, die nur rausmuss. Deswegen tun die Hügel auch so weh. Das mach ich gleich, wenn alles fertig ist. Mal sehen, was dann passiert. Vielleicht komm ich auch ins Krankenhaus. Wo mich alle besuchen und ich leckere Bonbons bekomme und Geschenke. Ja, das ist eine gute Idee, das mach ich gleich.
„Schön machst du das, mein süßer Engel – oh ja, ich liebe es." Ich muss ihn anstarren, während er seine Augen geschlossen hat und komisch das Gesicht verzieht. „Ja, mach schnell weiter." Jetzt bewegt er sich mit und das ekelige klebrige Zeug kommt da raus. Meine Finger sind damit eingeschmiert und kleben. „Na, mein Schatz, willst du mal probieren, es schmeckt richtig lecker und ist gesund." „Äh, nein", ich schüttle den Kopf. „Ist schon gut, du hast das prima gemacht. Hat es dir denn Spaß gemacht?" Ich gebe keine Antwort. „Zieh dich an, bevor die Mama kommt." Schnell ziehe ich meine Sachen an und laufe in die Küche, wo ich meine Finger mit einem Reiniger saubermache. Immer und immer wieder spüle ich meine Hände sauber. Der Staubsauger ist noch angeschaltet und dröhnt so laut, das mein Kopf fast platzt. Mein Bruder hört mich und ruft

hinter der geschlossenen Tür: „Gina, bist du fertig? Beeil dich mal!" „Papa, darf er jetzt nach vorne kommen?" Papa lässt meinen Bruder aus dem Zimmer. „Ich will jetzt, dass Ruhe ist. Ich will noch ein Stündchen schlafen. Und macht die Sachen sauber, bevor eure Alte nach Hause kommt." „Ja, Papa", antworten wir gleichzeitig.

Papa liegt nun auf der Couch und ist endlich eingeschlafen. Und wir dürfen, nachdem wir alles saubergemacht haben, Fernsehen gucken.

Lebenslänglich

Heute kann mir niemand mehr wehtun

Unglaublich, wie mich das anekelt. Ich fühle mich schlecht. Jetzt schreibe ich doch tatsächlich alles in allen Einzelheiten auf, und es ist schwieriger, als ich es gedacht hatte. Wie konnte ich bloß gedacht haben, dass es einfach werden würde? Ganz im Gegenteil, es belastet mich sehr. Einige, die wissen, dass ich an einem zweiten Buch schreibe, sagten mir: „Hey, das ist mal richtig cool, dass du bald dein zweites Buch geschrieben hast." Wenn die nur wüssten, um was es da geht. Mal sehen, ob die es immer noch so cool finden, wenn sie's gelesen haben? Immer mehr wird mir bewusst, dass es bald jeder wissen wird, was mit mir passiert ist. Wie werden sie über mich denken? Werde ich dann wie ein armes kleines missbrauchtes Mädchen behandelt? So ein Quatsch. Ich bin doch erwachsen. Niemand kann mir mehr wehtun! Das Schlimmste habe ich längst überstanden. Das begreifen viele nicht, weil sie denken, ich müsste am Boden zerstört sein. Es gibt auch tatsächlich diese Momente, wenn ich in ein Loch der Traurigkeit falle. Ja, dann denke ich über alles nach und verstehe es selbst nicht, dass man mich als Menschen doch so gerne mag. Obwohl ich früher so unbeliebt war. Klar, viele wussten ja nicht, was mit mir zu Hause passierte! Ich fasse es kaum, dass ich echt noch hier sitze und auch fröhlich sein kann. Einfach leben darf, so wie ich es möchte und nicht wie andere es von mir erwarten.

Ich zeig der ganzen Welt: Das wurde mir angetan!
Wie kann ich es nur so genau beschreiben, was mein Vater mir angetan hat, weil es genauso in mir wohnt, wie ich es schreibe. Was soll ich drumherum schreiben, wenn es doch genauso hart und grausam war. Klar, jeder, der Kinder hat und selbst noch jung ist, wird es kaum ertragen können, das zu lesen. Ich ertrage es selbst nicht zu wissen: Das bin ich, die euch das schreibt.
Und ehrlich, ich bin froh, dass ich es mache!
Denn wenn nicht endlich einer damit anfängt zu beschreiben, was manchen passiert in einer doch so netten Familie, wie es nach außen hin erscheint, werden diese Täter auch niemals eine angemessene Strafe bekommen.
Ganz im Gegenteil, sie bekommen immer wieder das Recht, in unser Leben treten zu dürfen – ohne große Konsequenzen. Gerade eben bekomme ich mit, wie ein kleines Mädchen, fünf Jahre alt, von einem Spielplatz gelockt wurde. Der Mann ist dreiundsechzig Jahre alt und nimmt die Kleine mit zu sich nach Hause. Er verprügelt das Kind und missbraucht sie. Nur mit sehr viel Glück wird sie nach zwei Stunden gefunden und überlebt. Der Mann wurde zwar sofort festgenommen, aber was bringt es, wenn er nach einiger Zeit wieder aus dem Gefängnis kommt? Das Mädchen wird für sein Leben lang damit bestraft sein.

Lebenslänglich

Blöde Regeln, immer wieder Streit – komische Welt

Gewalt ist ganz normal.

„Mama, ich möchte Polizistin werden, dann kann ich immer Verbrecher jagen." „Nein, das darfst du nicht, dann bringst du noch unsere eigenen Leute in den Knast." „Wer sind denn unsere Leute?" „Du nervst mich. Das sind zum Beispiel deine Onkeln und Tanten. Weißt du noch, als die einen aus deiner Sippe gesucht haben, weil er geklaut hatte? Der musste dann ins Gefängnis. So, wenn du jetzt die Polizistin gewesen wärst, hättest du ihn verhaften müssen, deinen eigenen Cousin. Stell dir das mal vor, das geht gar nicht bei uns." „Aber wenn die nicht klauen, brauche ich die nicht einfangen und einsperren, Mama." „Gina, wir sind Zigeuner und da ist es verboten, Polizist zu werden." „Okay, dann werde ich eben Anwalt!" „Wenn, würdest du wohl eher eine Anwältin, aber das darfst du auch nicht werden." „Das ist aber doof, ich will so gerne Polizistin oder Anwältin werden. Dann hab ich so viel Geld und bin reich, ich kann mir dann so viele Sachen kaufen wie ich will. Und mein kleinerer Bruder bekommt ganz viele Rennautos von mir geschenkt. Ein schönes Zimmer kaufe ich uns dann mit einem riesigen Himmel an meinem Bett. Und wenn Kirmes ist, kann ich so viel Zuckerwatte essen wie ich mir wünsche, ja und Karussell fahren, das wäre doch schön."

Ich weiß gar nicht, warum es so komische Regeln bei den Zigeunern gibt. Ich fühle mich gar nicht wie die. Als Zigeunerin darf man keine Polizistin werden. Versteh ich nicht. Obwohl ich dann alle beschützen könnte. Und wenn ich Anwältin wäre, dann wäre es noch viel besser. Bestimmt hätte ich hunderttausendmillionen Mark. Mann, dann würde ich mir eine eigene Insel kaufen, irgendwo im Meer, vielleicht in der Nähe von Amerika. „Mama, aber so kann ich doch dann helfen. Wenn die klauen und werden erwischt, kann ich alle verteidigen. Oder ich verstecke sie einfach, dann könnte sie auch keiner finden. Und als Polizistin könnte ich ja unsere Onkel alle freilassen."
Papa kommt gerade aus dem Wohnzimmer. Meine Mutter sagt zu ihm: „Schatz, erkläre du der Gina mal, dass sie nicht zur Polizei gehen oder Anwältin werden kann. Ich weiß nicht, wie man der das erklären soll." Papa lacht: „Wenn mein Mädchen Polizistin werden möchte oder Anwältin, dann wird sie es auch."
Papa setzt sich in die Küche auf den Stuhl und schlägt das eine Bein über das andere, nimmt seine zwei Finger, Zeige- und Mittelfinger, und drückt sie sich ins Gesicht. Das macht er oft, wenn er nachdenkt.
„Claudine, komm mal zu mir und setz dich hierhin." Papa zeigt dabei auf seinen Schoß. „Pass mal auf, mein Mädchen", kaum hat er ausgesprochen, guckt Mama mich böse an. Schnell schaue ich weg und höre zu, was Papa mir sagen will. „Die Mama war nur sechsunddreißig Tage in der Schule. Alles, was die Mama gelernt hat, habe ich ihr beigebracht. Wichtig ist, dass sie lesen, schreiben und auch ein bisschen rechnen kann. Die Brüder und Schwestern von der Mama, also deine

sogenannten Tanten und Onkel, die können gar nichts außer klauen, einbrechen, lügen und betrügen. Bei denen ist es auch normal, dass man mal die Partner untereinander tauscht. So dass der eine Onkel mal mit seinem Bruder die Frau tauscht. Das dürfen nur die Zigeuner", lacht Papa laut auf. „Rudelficken, nicht zu vergessen."

Er streckt die Hand nach oben an die Decke und spricht weiter: „Und das Wichtigste, halleluja, alles im Namen von dem heiligen Herrn Jesus. Da darf man so vieles, denn er vergibt ja alles. Nicht wahr, Sylvia? Jaja, mein Engel, hör bloß nicht auf die verlogene Scheiße. Bei denen ist gar nichts normal. Können nicht lesen oder schreiben, aber wollen mir vorschreiben, wie ich mein Leben leben darf. Ja, das fehlt mir noch! Du darfst so vieles nicht, weil es so komische Regeln bei denen gibt, die kein Mensch versteht."

„Peter, hör auf, der Gina so eine Scheiße zu erzählen, du solltest ihr lieber unsere Sitten richtig erklären, mehr nicht."

„Siehst du, Sylvia, das meine ich, meine Kinder bekommen irgendwelche Namen, die gar nicht in den Papieren stehen. Ach, stimmt ja, sie ist ja gar nicht meine Tochter! Aber so lange nicht das Gegenteil bewiesen ist, heißt mein Mädchen Claudine."

„Sie hat den Namen von meinem Vater bekommen und das weißt du auch", kontert meine Mutter.

„Dein Vater!? Was dein Vater sagt, ist mir so egal. Er hat nichts über mich und meine Kinder zu sagen, damit es ein für allemal klar ist, Madam. Da können auch deine sogenannten Brüder kommen. Du weißt doch, ich habe keine Angst vor denen. Mir

hat keiner was zu sagen. Hast du mich da jetzt verstanden?"
Angespannt zucken die Knochen in Papas Gesicht. Er sieht ganz schön böse aus.

Warum habe ich nur was gesagt? Wäre ich doch lieber ruhig geblieben. „Kannst du mir mal bitte erklären, warum du direkt so aggressiv wirst? Wenn du meinen Geschwistern was zu sagen hast, setz dich doch an einen Tisch mit denen und sag selbst, was du sagen willst. Aber lass mich damit in Ruhe. Ich hab dir doch nichts getan."

„Mit dem Pack setze ich mich überhaupt nicht an einen Tisch. Die belagern uns hier nur. Ich werd doch erst gar nicht gefragt, wenn die hier alle auftauchen. Und überhaupt: Sag mir mal, was du dir einbildest, du mit deinen 29 Jahren. Ich bin doch keine 50 Jahre alt geworden, um mir von dir oder deiner verlogenen, scheinheiligen Familie auf der Nase rumtanzen zu lassen."

Jetzt haut Papa ganz feste auf den Tisch. Ich zucke zusammen, mein Magen fühlt sich ganz komisch an.

Ich habe Angst. Hinterher bekomme ich wieder Ärger mit der Mama. Sie hasst mich jetzt bestimmt noch mehr. So böse wie sie mich anschaut. Sie guckt so, als wenn sie gleich ausflippt. Was Mama gerade denkt? Wenn ich Gedanken lesen könnte, das wäre gut, dann wüsste ich jetzt eben, was sie denkt und was sie machen wird. Das wäre überhaupt toll: Gedankenlesen können. Ohne dass die Menschen es bemerken würden, wüsste ich, was alle Leute denken. Ich frag mich auch, wie das Denken geht. Vielleicht, so denke ich mir, hat jeder Mensch einen Knopf im Kopf und kann steuern, was er gerade denken möchte. Kann

man das auch steuern, ob man lieb oder böse ist? Warum sind denn alle so böse? Weil ich bestimmt böse bin!? Ja, ich bin böse, denn ich mache immer alles kaputt und bin alles schuld, wie Mama immer sagt.
Ich will aufstehen, aber Papa hält mich auf seinem Schoß fest. „Du wolltest", spricht er zu meiner Mutter, „dass ich der Kleinen erkläre, wie es bei euch so ist, in eurer scheinheiligen Sippe. Das mache ich dann so, wie ich es meine. Und deiner Sippschaft sag ich das, wann ich es für richtig halte, oder glaubst du etwa, dass ich Angst vor irgendeinem deiner Brüder habe? … Ich hab dich was gefragt."
„Hör doch auf jetzt, Peter!" Mama dreht sich um und kocht einen Kaffee. Papa trinkt einen großen Schluck aus seiner Bierflasche. Dann spricht er zu mir: „Claudine, wenn du Polizistin werden möchtest, musst du sehr viel lernen, immer in die Schule gehen und gut aufpassen. Nicht, wie die Mama das macht, dich einfach hierzuhalten, damit du saubermachen kannst. Und wenn du dann auch immer deine Hausaufgaben machst, wirst du ein schlaues Mädchen werden. Du solltest einen guten Schulabschluss schaffen, dann kannst du alles machen und später eine Arbeit kriegen, wie du es möchtest."
Papa zählt mir alle möglichen Berufe auf: Polizistin, Ärztin, Hebamme, Krankenschwester, Anwältin, Altenpflegerin oder Richterin … „Das sind nämlich Berufe, die du nicht bei den Sintis machen darfst. Sonst kommt der große, starke Onkel und es gibt Schläge dafür – oder nein, du wirst dann ausgeschlossen aus der Familie. Infam bist du dann.
Nein, das sind wir ja dann alle. Ach, mein Mädchen, weißt du,

die haben alle nur keine Lust arbeiten zu gehen und wollen nur bestimmen über uns. Da musst du nicht drauf hören, denn wir sind deutsche und freie Menschen. Bei denen ist alles unrein. Die sagen, wenn man mit Blut in Berührung kommt, ist man unrein. Also, zum Beispiel, wenn die Mama jetzt ein Baby bekommen würde, müsste sie zehn Tage lang alleine bleiben. Vielmehr, sie dürfte nicht mit deinen Onkeln am Tisch zusammensitzen und frühstücken. Sie müsste ihr Besteck immer getrennt von allen anderen Sachen fernhalten. Das wäre alles beschmutzt oder unrein, wie die es nennen." "Aber dann haben die doch nichts mehr, womit die essen können, Papa." „Ja, das ist schon sehr kompliziert, dir das alles zu erklären. Du machst einfach, was du später machen möchtest und lässt dir niemals was vorschreiben.

Als deutsches Kind musst du immer arbeiten, damit du dir später schöne Sachen kaufen kannst. Du musst so viel Geld verdienen, damit du dem Papa auch was abgeben kannst. Ich bin ja dann schon alt, wenn du groß bist." "Aber Papa, du bist doch jetzt schon ganz alt, du bist fast hundert, da ist man wohl schon alt." Papa muss jetzt laut loslachen. „Das stimmt nicht ganz, da hab ich noch mal fünfzig Jahre, bis ich dann hundert bin. Aber so alt werde ich nicht. Wenn ich mal drei Meter unter der Erde bin, hab ich mein Leben gelebt, so wie ich das wollte. Es ist für mich das Wichtigste überhaupt, ein freier Mann zu sein." „Papa, ich verstehe das alles nicht." „Das musst du auch nicht. Wenn du groß bist, weißt du genau, was ich damit gemeint habe."

Mama redet komisches Zeug vor sich hin, das macht sie ganz oft; mit sich alleine reden. Hihi, das ist lustig. Plötzlich dreht sie sich direkt zu mir um und schreit mich an: „Du musst auch nicht alles verstehen, mit neun Jahren brauchst du nicht immer alles wissen. Bei uns ist das nun mal so – und finde dich damit ab. Da kann dein Vater dir auch nicht mehr helfen, ist das klar, Fräulein?" Stumm nicke ich nur. Daraufhin packt sie meinen Arm und reißt mich von Papas Schoß herunter und redet wieder in ihrer Sprache, damit Papa nichts versteht. Papa steht auf und flippt total aus: „Hier wird Deutsch gesprochen, sodass alle was verstehen. Hast du mich verstanden? Und wer kriegt hier Prügel? Glaubst du tatsächlich, ich verstehe dich nicht? Glaubst du, ich bin ein Hund oder was? Du primitive Fotze!" Oh nein, sie haben wieder Streit und alles wegen mir. Die Mama hat Recht, alles ist meine Schuld. Aber sie hat doch nicht zum Papa Hund gesagt, sondern zu mir. Ich soll mal abwarten, ich Hund, gleich zeigt sie mir es und ich bekomme richtig Schläge. Aber sie hat es nicht zum Papa gesagt oder über ihn böse geredet, das stimmt ja gar nicht.

Hätte ich doch bloß nicht mit dem Polizistin werden angefangen, dann hätten sie jetzt keinen Streit. Owohl ich jetzt der Mama helfen könnte, wenn ich groß und eine echte Polizistin wäre. Ich könnte den Papa festhalten und so lange einsperren, bis er wieder ganz lieb zur Mama ist.

Papa rastet nun total aus. Er brüllt: „Was willst du von mir, ich bin ein Hund?" Noch lauter schreit er: „Wovor soll ich schon Angst haben? Vor deinen Brüdern? Die mache ich alle nacheinander platt!" „Ja, ich weiß, dass du keine Angst hast, aber wieso sagst du zur Gina, alle von uns sind nur Verbrecher, alle würden nichts taugen?"

Papa unterbricht sie sofort und schreit noch viel lauter: „Weil es die Wahrheit ist. Wie du dich erinnern kannst, haben die Bastarde meiner Tochter den ganzen Modeladen leergeräumt. Wenn das nicht schon dreist ist, nein, sie ziehen diese Jacken auch noch frech an und behaupten, es wären ihre Klamotten. Aber ja, das ist ganz normal bei euch, ich vergaß."

Papa steht ganz nah vor der Mama, Nase an Nase. Ich kann ihre Angst spüren. Sie zittert überall, ich auch, denn wenn der Papa einmal ausflippt, wird es immer heftiger, hört er nicht auf. Und schon drückt er sie ganz fest in die Ecke und knickt ihre Finger nach hinten. Bitte, lieber Gott, bitte, bitte, der Papa soll sofort damit aufhören. Mir tut das alles so leid. Das wollte ich doch alles nicht. Ich bin schuld. Mama schreit zurück, so laut, dass meine Ohren piepsen. Papa wird noch wütender und schlägt ganz fest zu. Er haut mit seiner Faust auf ihren Rücken und reißt an Mamas Haaren. „Papa, hör auf, du musst aufhören, bitte", weine ich und versuche, mich zwischen Mama und Papa zu stellen. „Entschuldigung, bitte, bitte, es tut mir doch so leid. Das wollte ich nicht", rufe ich immer wieder. „Hör endlich auf, Papa!" Mama liegt auf dem Boden und weint leise, Papa schubst mich so feste weg, dass mein Kopf gegen die Tischkante knallt. Es wird warm auf meinem Kopf, mir läuft Blut über ein Auge und tropft auf den Boden.

Papa geht ins Wohnzimmer und lässt die Mama einfach so auf dem Boden liegen. Er muss ihr doch helfen, vielleicht ist sie schwer verletzt! „Mama, mir tut es so leid, das wollte ich wirklich nicht."

Ich beuge mich ein Stück nach vorne, streichle über ihre Haare und küsse ihren Arm. Leise flüstere ich: „Entschuldigung, Mama." Sie stößt mich zurück: „Lass mich in Ruhe, du dreckige, kleine Hure, du bist eine Missgeburt, geh mir aus den Augen. Du machst meine Ehe kaputt, ich hätte dich nie kriegen dürfen. Abtreiben lassen, denn ich wollte dich doch gar nicht, du Fotze. Glaub mir, alles, was ich von deinem Alten an Schlägen kriege, bekommst du doppelt von mir zurück – und jetzt geh in dein Bett, du Hebamme." Sie reißt ganz fest an meinen Haaren und klatscht mir mit ihrer Hand eine ins Gesicht, obwohl ich doch blute.
Ja, sie hat Recht, immer hat sie Ärger wegen mir. Da kann man mich doch gar nicht liebhaben. Aber ich liebe meine Mama, ganz, ganz viel liebe ich meine Mama. Und irgendwann, wenn ich dann tot bin, wird sie mich bestimmt ganz doll vermissen. Ich schaue dann vom Himmel herunter, komm einfach zurück und küsse sie so feste wie ich kann. Aber dafür muss ich erst ganz lieb werden, immer hören und nie mehr darüber reden, was ich später werden möchte. Sonst hab ich direkt wieder Ärger oder die Mama – und das will ich nicht.

Mein Kopf tut mir weh, es klopft in meinem Schädel und mein Gesicht ist noch ganz heiß von dem Klatsch, den meine Mutter mir gegeben hat. Sie liebt mich einfach nicht. Meinen Bruder liebt sie viel, viel mehr als mich. Mich liebt keiner!
Doch der Papa sagt das immer zu mir, aber da muss ich das Ding vom Papa anfassen oder mich anfassen lassen. Das finde ich auch doof. Und wenn der Papa das wüsste, hätte er mich ganz bestimmt auch nicht mehr lieb.

Blöde Welt hier, ich will lieber auf einem anderen Planeten wohnen, wo alle Leute ganz lieb sind. Mit einer unendlich riesigen Hüpfburg und einer schönen Schaukel, mit der ich bis zum Himmel, über die Wolken hinaus, schaukeln kann.

„Lieber Gott, mein Kopf tut ganz weh, muss ich jetzt sterben? Kannst du nicht einfach meine Kopfschmerzen wegmachen? Ich zähle jetzt bis drei und glaube ganz fest, dass du mir hilfst und meine Kopfschmerzen weg sind. Eins, zwei, drei – aber mein Kopf klopft immer noch.

Du magst mich auch nicht – oder? Deswegen hilfst du mir auch nie! Ich weiß ja, dass ich mehr aufräumen muss und nicht stinken darf. Das sagen immer alle aus der Schule zu mir, dass ich stinken würde.

Und wenn ich das alles mache, hilfst du mir dann? Ich verspreche dir jetzt bis in alle Ewigkeit: Ich werde immer lieb sein. Und du versprichst mir, dass der Papa nicht mehr die Mama haut und die Mama mich nicht mehr haut, ja? Und dass die Schmerzen in meinem Kopf weggehen. Kannst du mir nicht antworten, oder willst du mir nicht antworten?"

Ich liege auf meinem Bett und meine Augen werden ganz schwer. Vor Erschöpfung schlafe ich endlich ein.

Lebenslänglich

Unbegreiflich

Wie konnte ich sie nur so anhimmeln? Nein, das ist das falsche Wort. Wie konnte ich sie nur so bedingungslos lieben? Das frage ich mich heute immer wieder. Ich war meiner Mutter total egal. Was hat es mir gebracht, dass sie sich entschuldigt hat, später, viel später, als es nichts mehr genutzt hat? Nichts außer Wut und Traurigkeit. Als wenn man mit einer Entschuldigung alles wegradieren könnte! Ganz und gar nicht.
Ich stehe vor dem Spiegel und schaue mich immer wieder an, frage mich: Wieso ausgerechnet ich? Wäre es gerechter zu sagen, warum nicht jemand anders? Natürlich nicht, das wäre nicht fair.

Denn es hat niemand verdient, so was zu erleben.
Kinder brauchen ihre Eltern, die sie doch lieben und sie auf unsere manchmal grausame Welt vorbereiten. Dass man trotz dieser traurigen Welt normal, ja vielleicht glücklich leben kann, wenn man eine Liebesausbildung der eigenen Eltern bekommen hat. Denn nur mit Liebe können wir Meister unseres eigenen Lebens werden. Aber vor allem ein Vorbild für unsere nächste Generation sein. Geht so etwas auch, wenn man keine Eltern hatte? Ich sage euch: Ja, es geht. Alles geht, wenn ihr nur an euch glaubt. Und wisst, dass niemand das Recht hat, euch wehzutun, weder Vater noch Mutter oder sonst wer!
Ihr habt das Recht auf Liebe und darauf, gewaltfrei groß zu

werden. Lasst euch nicht einreden, ihr wärt so schwierig und selbst schuld.

Kann man in den schrecklichen Situationen nicht einfach NEIN sagen? Glaubt mir, das glauben nur Menschen, die keine Ahnung davon haben. Die nicht wissen, wie es ist, vor seinem Vater zu stehen und gezwungen zu werden, Dinge zu tun, die man nicht tun will oder etwas ertragen zu müssen, was man nicht ertragen will. Und was die Sache so ganz furchtbar macht, ist, dass man diese Menschen von ganzem Herzen liebt und Angst hat, etwas falsch zu machen.

Man sagt automatisch nicht NEIN! Sondern man passt sich einfach dem Extrem an, damit diese Dinge, die passieren, erträglicher werden.

Wenn Kinder lieben, dann ist es so bedingungslos, als ob es keine Grenzen gäbe.

Erst, wenn man älter wird, begreift man, was passiert ist. Und das Gefühl von Leere und Traurigkeit oder Ekel und Hass wird immer größer. Vor allem, wenn man selbst Kinder hat und sieht, wie zierlich so eine kleine Seele ist. Und das Bedürfnis wird riesengroß, diesen Menschen mit seinem ganzen Sein beschützen zu wollen! Das ist Liebe!

Lebenslänglich

Mama erwischt Papa

Schon wieder muss ich nach vorne, weil Papa mich zu sich gerufen hat. Mein Bruder ist mit Mama bei meiner Mami. Das ist meine Oma, ich nenn sie nur Mami. Ich wollte auch mit, durfte aber nicht, weil ich Bonbons aus dem Schrank genommen hatte. Behauptet die Mama, obwohl das nicht stimmt. Ich hab es wirklich nicht gemacht! Doch sie hat mir nicht geglaubt. Sie hat mich angeschrien und mir mit dem Kochlöffel auf die Finger gehauen, so lange, bis ich es einfach zugegeben habe; obwohl ich wirklich nicht die Bonbons genommen hatte.
Mama sagte nur: „Siehst du, wusste ich es doch, das konntest nur du gewesen sein. Jetzt gehst du in dein Bett und da bleibst du, bis ich wieder zurückkomme."

Ich darf eh fast nie mit zu Mami. Mama braucht ihre Ruhe vor mir. Wenn die Mama nur wüsste, wie sehr ich sie liebhabe! Vielleicht weiß sie es ja gar nicht. Ich schreibe der Mama einfach einen Brief, sie hat ja keine Zeit, mir zuzuhören. Im Zimmer suche ich nach einem Stift und einem Zettel, auf den ich schreiben kann. Endlich habe ich unterm Bett meines Bruders einen roten Stift gefunden und ein Blatt reiße ich aus einem Schulheft heraus, das auf der Fensterbank liegt. Mit dem roten Stift kann ich der Mama schöne, rote Herzen malen. Mein kleiner Finger wird dabei ganz rot und blau-lila, ganz dick sind meine Finger und tun mir schon weh. Aber ich muss den Brief schreiben, sonst weiß die Mama nicht, wie sehr ich sie liebhabe.

> Libe Mama!
> Isch mus dir sagen wi Lib isch disch habe. Isch värspräche dir das isch imer mein Zimmer aufreume. Und nie mer Klaue. Isch hab auch nischt die bongbongs weg genomen Wiklisch nischt Mama. Du magst misch nischt weil isch imer böse bin.
> Aber jetz bin isch imer Lib damit du misch auch Lib habe kanst. Du bis die aler beste Mama aller Zeiten und auf der weld.
> Isch libe disch
> Deine Gina Kusi

Ich falte den Brief zusammen und werde ihn sofort der Mama geben, wenn sie wiederkommt. Hoffentlich freut sie sich über den Brief und glaubt mir endlich, dass ich sie doch auch ganz viel liebhabe.
Papa ruft mich, jetzt muss ich bestimmt wieder das doofe Ding anfassen, damit er lieb zu mir ist. Er ist nur dann ganz, ganz lieb zu mir.

Die Tür ist auf und ich gehe direkt ins Wohnzimmer durch. Auf dem Tisch steht eine Dose Margarine, die offen ist, aber es ist kein Brot dabei oder Brötchen. ‚Warum steht die Margarine da?', frag ich mich. Papa ist wieder ziemlich besoffen. Ich kann ihn riechen, obwohl er gar nicht so nah an meinem Gesicht ist. Ich mag diesen Gestank überhaupt nicht.
„Komm mal zu mir. Weißt du eigentlich, dass du immer hübscher wirst? Schwarze Haare und blaue Augen. Du siehst aus wie eine kleine Prinzessin. Mein kleines Schneewittchen."
Schneewittchen hat aber immer schöne Kleider an – und die hab ich doch gar nicht.
„Magst du mir eine Freude machen? Ich zeig dir jetzt was, das mache ich nur mit dir. Weil es was Besonderes ist."
Oh nein, ist es wirklich was Schönes oder sagt er das wieder nur so? Immer will er mir was Schönes zeigen, aber dann ist es gar nicht schön. Ich finde das komische Schöne total ekelig.
Papa packt sich an die Hose. „Heute versuchen wir mal was besonders Schönes. Es wird dir auch nicht wehtun. Wenn es gut geschmiert und gefettet ist, kann nichts passieren. Erst mache ich es mit dem Finger, danach schauen wir mal weiter." Was macht er zuerst mit dem Finger? Das kenn ich doch schon und schön ist es auch nicht. Wohl tut mir das weh, wenn er seinen rauen Finger in meine Maus steckt. Wie kann man das nur schön finden? Ich hab Angst! Keiner ist da, und wieder muss ich mitmachen.

Sonst hasst der Papa mich.

Das will ich ja nicht.
„Zieh dich mal aus und leg dich auf den Bauch, ich will deinen Popo sehen. Den müssen wir richtig gut einschmieren." Wie,

meinen Popo einschmieren, das ist aber ekelhaft, da mach ich doch Kacke raus. Was macht der Papa denn? Lieber Gott, ich habe ganz viel Angst. Ich ziehe mich aus und halte meine Hände und Arme vor meinen Körper, denn ich hab ja schon richtige Brüste. Mir ist ganz kalt und ich gehe ganz langsam zum Papa. Ich hab wieder das blöde Gefühl in mir drinnen. Manchmal wünschte ich, er wäre einfach tot und würde dann ein lieber Geist werden. Der nicht mehr so viel trinkt und mich auch so lieb hat, auch wenn ich nicht so komische Sachen machen muss. Das wäre schön, einfach zu kuscheln. Und ich dürfte meine Anziehsachen anlassen. Aber nein, ich bin ganz nackig und muss mich jetzt auf die Couch legen. Papa streichelt mir mit seinen rauen Händen über meinen Rücken bis zu meinem Popo. Ganz feste drücke ich meinen Kopf in das kleine Kissen, das in der Ecke auf der Couch liegt. Und drücke meinen Po zusammen. Es fühlt sich komisch an, ekelig und einfach doof. Aber das merkt Papa nicht. Er nimmt seine Hand kurz weg. Ich will gerade mit meinem Kopf hochkommen, da sehe ich, wie der Papa mit den Fingern in der Margarine rumpult. Seine Finger sind eingeschmiert. Das ist aber komisch. Warum macht er das nur?
„So, meine Süße, jetzt musst du ganz locker bleiben, umso weniger tut es weh und ist ganz schön dann auch für dich."
Sofort stecke ich meinen Kopf wieder in das Kissen und bete, dass es nicht wehtut. ‚Steckt er jetzt echt die Finger in meinen Popo?', frage ich mich. Aber dann sind doch die Finger voller Kacke. Und mein Popo ist doch ganz klein. ‚Ich hasse dich', schießt es mir zum ersten Mal durch den Kopf. Wut ist in meinem Bauch, ganz viel Wut, und ich werde immer wütender auf mich

selbst, weil ich mich nicht traue zu sagen, wie doof ich das alles finde.
Seine flutschigen Finger sind ganz glibberig und kalt.
Er steckt einfach die Finger in meine Poritze und schmiert die Margarine in meinen Popo.
„Komm, reib mal selbst die Margarine in deinen Popo. Das ist besser, wenn du es erst machst, dann komm ich besser da rein. Ich verspreche dir, du musst sonst nichts weiter machen, denn ich mache alles, versprochen. Da gibt es einen wunderbaren Spruch, mein Schatz: Rot ist die Liebe, schwarz ist das Loch, komm, mein kleines Mädchen, sei tapfer, denn rein muss er doch!"
Ich muss weinen, weil ich so wütend bin und nichts machen kann. Ich liege wie angewachsen auf der Couch, kerzengrade, ganz fest in die Couch gedrückt. Nun schmiere ich die Margarine selbst über meinen Popo. Den Finger stecke ich da aber nicht rein. Dann stinkt mein Finger auch noch, nein, das mache ich nicht. Papa nimmt aber meine Finger und steckt einfach meinen Zeigefinger da hinten rein. „Schau dir das mal an, wie schön das aussieht. Und es ist doch gar nicht so schlimm – oder, hab ich dir ja versprochen." Er steckt jetzt seinen Finger auch da rein. Alles in mir zieht sich zusammen. Es tut wohl weh und wie es wehtut. Ich schaue auf meine blau-angelaufene Hand, die richtig pocht und auch wehtut, weil ich mit meinem Kopf drauf liege.
Papa hat sein Ding rausgeholt und streichelt dabei meinen Popo. Dabei rubbelt er an dem Ding rum. Mein Po fühlt sich an, als wenn er aufgerissen wird und blutet bestimmt auch schon. Aber Papa hört nicht auf und rubbelt und rubbelt an seinem

Ding. Meine Nase läuft jetzt auch noch vom Weinen. Ich putze meine Nase einfach im Kissen ab. Damit Papa mich nicht hören kann.
„Ja, mein Schatz, gut fühlst du dich an, so schön eng und feucht."
Feucht, das ist die eklige Margarine in meinem Popo. Ich esse nie wieder Margarine. Ich weiß ja nicht, ob das alle Leute machen wie der Papa, auch die aus dem Laden, wo wir die Margarine immer kaufen. Ich esse einfach gar nichts mehr, vielleicht bin ich endlich bald tot und der Papa lässt mich dann in Ruhe. Er rubbelt immer weiter an seinem Ding und beugt sich über mich und drückt es an meine Pobacken.
„Lieber Gott, bitte, bitte, bitte hilf mir doch – bitte, lass ihn nicht das Ding in meinen Popo stecken. Dann muss ich bestimmt sterben. Bitte, kannst du mir nicht nur ein einziges Mal helfen, bitte."
Ich versuche, meine Tränen runterzuschlucken, aber das geht einfach nicht mehr und so weine ich leise in das Kissen hinein. Immer noch reibt Papa sein Ding an meinem Popo, bis es plötzlich nass wird an meinem Popo und Rücken. Und klebrig, mit dem komischen Zeug, was aus seinem Ding rauskommt.

Plötzlich steht die Mama im Wohnzimmer, der Papa springt auf und zieht seine Hose an. Ich liege wie angewachsen auf der Couch und kann mich kaum bewegen, weil es in meinem Popo wehtut. Alles brennt und fühlt sich doof und blöd an. Ich wische meine Tränen aus meinem Gesicht. Danke, lieber Gott, dass die Mama endlich da ist. Danke, danke, dass du endlich gehört hast.

Die Mama steht da an der Türe und sagt kein Wort. Jetzt sieht sie mal, was der Papa mit mir macht und hilft mir endlich. Obwohl sie es ja weiß, was der Papa mit mir macht. Denn die Mama kann das in meinem Gesicht sehen, sagt sie immer. Und irgendwie glaub ich ihr das sogar.
Egal, wann der Papa das mit mir macht, die Mama fragt mich immer danach, ob der Papa was mit mir gemacht hätte. Und was er mit mir gemacht hat. Manchmal gebe ich es zu und erzähle ihr alles, aber manchmal traue ich mich einfach nicht, was zu sagen. Weil sie immer so ausflippt. Hoffentlich hauen wir jetzt ab und bleiben weg und bekommen ein schönes, neues Zuhause.
Die Mama steht immer noch an der Türe und starrt mich an.
„Nee, du bist doch das Allerletzte, schämst du dich eigentlich nicht? Zieh dich an, du kleines Mistvieh. Was bist du für eine kleine Fotze, da so liegenzubleiben und dich von deinem Vater ficken zu lassen! Du bist eine dreckige Hure. Solltest du nicht in deinem Bett bleiben bis ich zurückkomme?"
Ich ziehe schnell meine Sachen an und kann überhaupt nicht mehr aufhören zu weinen. Alles bin ich schuld, ja, ich bin es selbst schuld, wäre ich nur in meinem Bett geblieben. Vielleicht hätte der Papa mich gar nicht gerufen und nichts wäre passiert. Meine Anziehsachen kleben an mir und alles fühlt sich schrecklich an. Dann hat der Papa Recht, es ist alles ganz normal, was da passiert und das muss alles so sein.
Die Mama schreit nur noch herum und kommt auf mich zu. Sofort gehe ich um den Tisch herum, damit sie nicht an mich rankommt. Meine Arme sind über meinen Kopf gestreckt, weil

ich Angst habe, dass sie mich schlägt. Mama kommt trotzdem an mich heran und greift nach mir, reißt an meinen Haaren und zieht mir dabei ein Büschel Haare raus. In dem Moment weiß ich nicht mehr, was los ist. Alles dreht sich um mich herum.

„Du bist der Teufel, eine kleine Nutte und frisst schon Schwänze. Das zeig ich dir! Was willst du, meine Ehe kaputt machen? Du erbärmliche kleine Hure, machst doch eh alles kaputt. Warte mal ab, wenn ich das deinem Onkel erzähle oder der Mami, dann kriegst du richtige Schläge. Warte mal ab! Was hab ich dir denn schon tausendmal gesagt: Wenn er was will, hast du ‚nein' zu sagen! Und du, Peter, wir reden gleich …!"

„Sylvia, mach mal nicht so einen Aufstand und lass das Mädchen in Ruhe!" „Was, ich soll keinen Aufstand machen und das ‚Mädchen' in Ruhe lassen?! Das zeig ich dir jetzt mal, wie ich die in Ruhe lasse."

Ich stehe vom Boden auf und halte wieder meinen Kopf fest. Da rennt die Mama in die Küche und kommt mit einem Handfeger zurück. Sie prügelt sofort damit auf mich ein, immer und immer wieder schlägt sie zu.

„Bitte, bitte, Mama, es tut mir doch so leid, bitte Mama, hör auf!" Ich zappele auf dem Boden hin und her.

„Ich bring dich um, du Nachgeburt, du Dämon, du gehörst doch gar nicht zu mir, du arische Fotze."

Und haut immer weiter auf mich drauf.

„Mama, bitte, ich hab dich doch so lieb, bitte, Mama!"

„Ja, das sehe ich, ich lieb mich auch, du Schwanzgesicht. Ich hätte dich nie kriegen sollen!"

Meine Beine, meine Arme und einfach alles tut mir nur noch

weh. Wie in einem Albtraum ist das alles. Mama schlägt so lange auf mich ein, bis der Handfeger in der Mitte bricht und ich mich kaum noch bewegen kann. „Sylvia, hör auf, du bringst sie noch um", schreit der Papa jetzt dazwischen und schubst die Mama von mir weg. Ich liege zusammengerollt am Boden, da hilft mir Papa beim Aufstehen. „Geh in dein Bett", sagt Papa zu mir.

„Das war ja klar, jetzt bin ich hier die Blöde oder was, du bist der letzte Dreck, weißt du das! Hast du mal überlegt, wie alt sie ist?" „Hast du überlegt, dass du sie fast totgeschlagen hättest?! Und ich soll schuld sein? Du bist doch selbst schuld, Sylvia, du bist doch ständig bei deiner Sippe, dauernd d. u."

Während ich in mein Bett krieche, höre ich, wie sie sich gegenseitig anbrüllen.

Mir tut alles so weh, ich kann kaum liegen, egal wie ich mich drehe. Es tut einfach nur weh. Die Decke ist so schwer, dass ich sie kurz hochnehme. Auf meinen Armen und Beinen bin ich übersät mit roten, dicken Streifen, die ich noch nicht einmal leise berühren darf, ohne direkt aufzuschreien.

Mama höre ich immer noch laut schreien und ich merke auch, dass sie zwischendurch auch immer wieder weint. Aber das ist mir jetzt egal. Den Brief für Mama lege ich irgendwo hin und wenn ich endlich tot bin und sie den Brief findet, weiß sie, dass ich sie immer liebhabe. Und dass ich das gar nicht schön finde, was der Papa immer mit mir macht. Aber sie glaubt mir einfach nicht. Vielleicht, wenn ich tot bin oder weg bin – und sie endlich ihre Ruhe hat vor mir.

Lebenslänglich

Ich hasse euch

Ich kann nicht mehr, meine Tränen laufen und laufen. Alles das aufzuschreiben, kostet mich sehr viel Kraft. Ganz furchtbar, dieses Schamgefühl, das immer wieder in mir hochkommt. Obwohl ich genau weiß: Ich habe keine Schuld! Aber das Gefühl ist einfach da! Wie soll ich damit klarkommen? Das funktioniert nicht mal eben so. Vor allem, wenn man es immer noch in sich trägt und fühlen kann. Jetzt, gerade in diesem Moment, fühle ich mich als kleines Mädchen, das einfach die Zeit nicht ändern kann, nicht ungeschehen machen kann, was geschehen ist. Wieso habt ihr mich nicht geliebt? Was habe ich nur falsch gemacht, dass ihr mir das nur antun konntet? Fragen, die mich mein ganzes Leben lang nicht loslassen.
Ich hasse euch beide!

Das kann man einfach nicht mehr gutmachen.
Was für ein Glück, dass ihr nicht mehr lebt! Denn sonst würde ich mich unglücklich machen. Schrecklich, so etwas zu denken. Ich wäre gezwungen, meinen Vater umzubringen, damit er niemals mehr einem Kind, meinen Kindern so etwas antun könnte. Obwohl ich eigentlich der Meinung bin, für solche Menschen wäre der Tod nur eine schützende Ausweichmöglichkeit, aber keine gerechte Strafe. Nur in diesem Fall würde ich wahrscheinlich eine Ausnahme machen. Mein Druck und meine Angst, meine Kinder nicht angemessen beschützen zu können, würden mir

die Entscheidung, ihn umzubringen, sicherlich erleichtern. Ich würde es nicht tun, ich könnte keinen Menschen umbringen. Und auch die Todesstrafe finde ich falsch. Kein Mensch – und auch nicht der Staat – hat das Recht, einen anderen Menschen zu töten. Aber meine Wut und mein Hass sind groß.

Lebenslänglich

Er will mich umbringen

Ich bin jetzt schon zehn Jahre alt und bald eine richtige Frau, hat der Papa gesagt. Denn ich habe vor ein paar Tagen „meine Tage" bekommen. Als ich letztens aus der Schule gekommen bin, habe ich extra auf meine große Schwester gewartet, um ihr erzählen zu können, dass ich jetzt auch meine Tage habe, aber es keinem sagen soll. Weil ich mich doch so schäme. Sie hat es aber gepetzt. Sofort hat sie es der Mama gesagt und die hat es dem Papa weiter erzählt.

Mann, kam ich mir blöd vor! Der erzähle ich nie wieder ein Geheimnis, denn sie kann es doch nicht für sich behalten. Sie denkt eh immer, die Beste zu sein. Nur weil sie so lange nicht bei uns gewohnt hat und immer die schönsten Spielsachen bekommen hat; die schönsten Anziehsachen, Schuhe, die bunt leuchten, wenn man damit läuft. Sie hat immer bei meinem Onkel gewohnt und jetzt ist sie auf einmal bei uns und lebt bei uns.

Sie ist sehr hübsch. Ob der Papa auch so Sachen mit ihr machen wird, frag ich mich. Mama hat sofort zu ihm gesagt: „Packst du auch nur einmal mein Mädchen an, bringe ich dich persönlich um!" Warum sagt sie das eigentlich nicht bei mir? ‚Weil sie mich nicht wollte', erkläre ich es mir selbst.

Eines Tages spiele ich mit meinem Bruder an der Regattabahn und sehe den Iwan an der Bushaltestelle sitzen. Iwan ist der

beste Freund von Papa. Er ist Russe. Iwan kommt Papa immer besuchen, und sie trinken dann Bier miteinander. Wir bekommen immer Geld von Iwan oder manchmal Bonbons. Irgendwas schenkt er uns immer, und er ist immer fröhlich. Manchmal tobt er auch mit uns oder spielt Fangen mit mir auf der Wiese.
Ich laufe sofort zu ihm hin: „Geht es dir gut? Wo warst du so lange? Ich hab dich schon ganz lange nicht mehr bei uns zu Hause gesehen", bombardiere ich ihn direkt. Iwan stinkt immer so ekelhaft wie Papa, nach Alkohol. Er lacht und sagt: „Ich muss viel arbeiten und habe keine Zeit, so oft zu euch zu kommen."
Er redet so komisch, manchmal verstehe ich gar nicht, was er sagt. Komisches Deutsch.
Mien Bruder turnt auf der Bank neben Iwan herum. „Ich habe kein Geld dabei, Kinder, aber nächstes Mal bringe ich euch leckere Schokolade mit, okay?!"
„Ach, ist doch egal", sage ich und mache einen Spagat vor ihm auf dem Boden, „guck mal, was ich gelernt habe, Iwan!?"
„Du bist eine echte Sportlerin, super. Komm mal zu mir und setz dich hier hin." Ich springe auf und setze mich neben Iwan auf die Bank. Meinen Kopf lasse ich aber nach vorne, denn er stinkt ja so ekelhaft aus dem Mund. Ich zappele mit meinen Fingern hin und her.
„Hast du schon ein Fahrrad?", fragt mich Iwan. „Ein Fahrrad, ähm, nein!" „Weißt du was, ich schenke dir ein Fahrrad. Frag deine Mutter, ob du es haben darfst. Dann kannst du es bei mir abholen." „Ja, echt jetzt? Du verarschst mich doch nur – oder?" „Nein, warum soll ich dich denn verarschen? Du bekommst wirklich ein Fahrrad von mir, wenn deine Mutter ‚ja' sagt." „Aber

meine Eltern sind gar nicht zu Hause." Und noch einmal frage ich nach: „In echt, schenkst du mir wirklich ein Fahrrad?" Iwan nickt nur und lacht immer dabei. Ich freue mich riesig: „Jajajajaja yippi, ich bekomm ein Fahrrad."
Ich kann es gar nicht glauben.
Mein Bruder hat das wohl irgendwie mitbekommen. Nun fragt er auch: „Iwan, krieg ich auch ein Fahrrad?" „Nächstes Mal bekommst du auch eins, versprochen. Aber jetzt bekommt erst deine Schwester eins von mir."
In dem Moment kommt ein weißes Auto in die Einfahrt gefahren und hält an. Die Scheibe wird heruntergelassen – Mama und Papa sitzen mit in dem Auto. „Mama, Mama", rufe ich und renne auf das Auto zu, „ich bekomme ein Fahrrad von Iwan geschenkt. Ich freue mich so. Endlich bekomm ich ein eigenes Fahrrad. Mama, darf ich das haben, bitte, bitte, Mama, ja?" „Wo ist denn der Iwan?" „Er steht da an der Bushaltestelle und wartet auf mich. Dürfen wir uns das Fahrrad abholen, bitte, Mama?"
„Okay, aber dann sofort zurückkommen", sagt meine Mutter. Bevor wir, das heißt, mein Bruder und ich, loslaufen können, sagt der Papa: „Stop." Du bekommst das Fahrrad, also gehst du auch alleine dahin. Dein Bruder bleibt hier." „Okay, Papa" – und renne sofort zu Iwan hin und sage ihm ganz begeistert: „Die Mama hat ‚ja' gesagt, ich darf das Fahrrad haben."

Wir laufen sofort los, zum Glück wohnt Iwan nicht so weit weg von uns, nur die Straße bis zum Ende durch bis zur Ampel. Da müssen wir dann die Straße überqueren. Direkt an der anderen

Ampel nochmal über die Straße, an einem gelben Haus vorbei und dahinter ist das komische Haus, in dem Iwan wohnt. Und viele andere, die wir kennen. Das ist das Haus, in dem alle Arbeiter wohnen, sagt der Papa. In dem Haus gibt es keine echten Wohnungen, sondern nur so Einzelzimmer-Wohnungen. Da sind ganz lange Flure und die Toiletten und Duschen sind nicht im Zimmer, sondern draußen auf dem Flur. Sieht irgendwie gruselig aus. In jedem Zimmer wohnen bestimmt vier Leute. Es gibt nur Etagenbetten, einen Tisch und ein Waschbecken. Alle sind sehr nett hier. Doch Mama findet das nicht so gut, wenn wir hier spielen. Sie sagt immer, wir hätten bei den Polacken nichts zu suchen. Wir gehen aber trotzdem gerne hier hin, außerdem weiß die Mama es ja gar nicht immer.
Außer, wir werden verraten von irgendeinem hier.
Dann gibt's richtig viel Ärger mit der Mama – oder dem Papa.
Wir gehen durch ein dunkles Treppenhaus bis in die fünfte Etage. Dabei zähle ich die Treppenstufen. Neunundachtzig Stufen. „Iwan, ich freue mich schon, ich freue mich", singe ich dabei fröhlich. „Wo hast du denn das Fahrrad?", frage ich ihn ganz ungeduldig. „Hast du das in deinem Zimmer?" „Nein, auf dem Balkon." Wir betreten sein Zimmer. Es ist klein. Direkt vor mir in der Mitte ist ein Tisch, auf dem jede Menge Sachen liegen, daneben steht ein Kühlschrank.
Direkt neben der Türe ist ein Etagenbett und gegenüber ein Fernseher auf einem Schrank.
Iwan macht sofort den Fernseher an. Es dröhnt so laut, dass meine Ohren gleich platzen. Aus einer Ecke holt er eine Flasche Wodka, macht sie auf und trinkt immer wieder daran. ‚Warum

trinkt der denn jetzt dieses Zeug?', frage ich mich. Warum holt der nicht das Fahrrad?

Er guckt mich die ganze Zeit an und lächelt dabei ganz lieb. Ich bin ganz kribbelig und aufgeregt, weil ich ja jetzt ein Fahrrad bekomme. „Iwan, welche Farbe hat denn das Fahrrad? Kann ich das jetzt haben? Bitte!" „Ja, gleich bekommst du das Fahrrad von mir. Du rauchst doch schon – oder? Lass uns eine rauchen und dann bekommst du dein Fahrrad, o. k.?"

Woher weiß der denn, dass ich rauche? Er verpetzt mich bestimmt bei der Mama, wenn ich ‚ja' sage.

„Ja, ich rauche, aber sag bitte nichts meiner Mama!"

„Nein, das mache ich nicht." Ich bekomme eine Zigarette, obwohl ich jetzt lieber mein Fahrrad hätte. Schnell ziehe ich an der Zigarette und gucke zum Fernseher.

„Iwan, ich will ja nicht nerven, aber wann bekomm ich denn endlich mein Fahrrad?" „Jetzt gleich." Ich schaue zum Fenster und bemerke, dass Iwan direkt neben mir am Stuhl steht. Er macht seinen Gürtel und dann seine Hose auf. Ich schaue ihn an. Im selben Moment springe ich auch schon auf und renne um den Tisch herum. Dabei flehe ich ihn an: „Bitte, Iwan, mach keinen Scheiß, bitte!"

Ich habe riesige Angst und will zur Türe rennen. Iwan läuft hinter mir her. Doch ich schaffe es, zur Türe zu kommen. Die ist allerdings abgeschlossen. Ich habe nicht bemerkt, dass er hinter uns den Schlüssel umgedreht hatte. Er packt mich von hinten und hält sofort meinen Mund zu.

Ich trete wie wild um mich, versuche, mich zu wehren. Aber ich schaffe es nicht. Ich schreie, doch meine Schreie sind stumm, weil seine riesige Hand meinen Mund und meine Nase zuhält und fest zudrückt. Jetzt sterbe ich, lieber Gott, ich muss wirklich sterben.

Iwan liegt mit seinem ganzen Körper auf mir, boxt mir ins Gesicht und drückt immer fester Nase und Mund zu. ‚Er will mich tatsächlich umbringen', denke ich. Ich drehe mich um und zappele immer mehr, bis ich keine Luft mehr bekomme. Lieber Gott, ich komme hier nicht mehr lebend heraus, ich muss sterben, bitte, hilf mir doch einer. Mama, ich will zu meiner Mama und meinem Papa, bitte! Jetzt nimmt er seine andere Hand, um mir meinen Hals zuzudrücken, boxt mich wieder. Die Hand drückt ganz stark gegen meinen Hals. Wieder versuche ich zu schreien. Vergeblich. Kein Ton kommt heraus. Würde mich hier überhaupt einer hören? Durch mein Gezappel rutscht ein bisschen seine Hand hin und her, die andere Hand hält immer noch meinen Hals fest gedrückt.

Jetzt beiße ich einfach so fest es nur geht in seine Hand. Ich höre gar nicht mehr auf zu beißen. Richtig festgebissen habe ich mich. Iwan schreit auf und lässt seine Hand auf meinem Mund einen Augenblick los. Er blutet. In dem Moment kreische ich so laut es geht um mein Leben: „Hilfe, bitte hilf mir doch einer! Hilfe!" Und schon sind seine Finger wieder in meinem Gesicht. Er setzt sich auf mich und drückt seine Knie auf meinen Brustkorb, damit ich nicht mehr so rumzappeln kann. Boxt mir wieder auf die Seite von meinem Kopf und drückt weiter mit beiden Händen meine Nase und meinen Mund zu. Jetzt glaube ich endgültig, dass ich sterben muss. Ich kann mich nicht mehr bewegen, alles ist so schwer in mir.

Da wird plötzlich ganz laut gegen die Türe gepoltert, getreten, geklopft. „Iwan, was ist los, mach sofort die Türe auf, sofort!" Und wieder wird gegen die Türe getreten. Iwan drückt noch fester, sodass mir ganz schwarz vor Augen wird. Dann merke ich nur noch, wie die Türe aufgetreten wird. Doch er lässt mich trotzdem nicht los. Sie reißen ihn von mir weg. Ich sehe den Uwe und den Schwarzen Peter, den Futtes und noch jemanden. Sie haben mich gerettet. Obwohl ich den Futtes überhaupt nicht mag, bin ich so froh, ihn zu sehen. Ich falle ihm sofort in die Arme und weine los. „Er wollte mich umbringen, echt, der wollte mich töten, obwohl ich nichts gemacht habe." „Ist gut, Kleine, komm, wir gehen runter und rufen die Polizei. Wir haben dich bis unten hin schreien gehört und sind sofort losgelaufen und haben dich ja auch Gott sei Dank gefunden."

Es dauert nicht lange, da kommt auch schon die Polizei. Ich reiße mich los und laufe sofort zu einem der Polizisten. Ein paar Leute stehen auf der Straße und schauen mich ganz komisch an. „Er wollte mich umbringen. Ich hab nichts gemacht, wirklich, er wollte mich einfach umbringen." „Wir sind ja da", beruhigt mich der Polizist. „Wo ist er denn?", fragt er den Futtes. „Er ist noch oben, wahrscheinlich in seinem Zimmer." „Kleine, weißt du, wie er aussieht?" „Na klar weiß ich das. Er ist der beste Freund von meinem Papa, Iwan heißt der." „Na, dann lass uns mal nach oben gehen", sagt der liebe Polizist. Ich klammere mich an die Hand vom Futtes und wir gehen durchs Treppenhaus nach oben. Alles ist dunkel hier, obwohl es draußen taghell ist. Als wir die dritte Etage erreicht haben, kommt uns ein Mann mit Hut und hellbraunem Mantel entgegen. Den Hut weit runter ins Gesicht gezogen, damit man ihn nicht so gut erkennen kann. Ich weiß aber sofort, dass es Iwan ist. In meinem Bauch macht sich wieder eine riesige Angst bemerkbar. Wie eben, als ich fast umgebracht worden wäre. „Das ist er", zeigen Futtes und ich fast gleichzeitig mit dem Finger auf den Mann mit dem Hut. Er trägt aber andere Klamotten als vorhin. Der Polizist geht vor. Auf einmal sind noch drei andere Polizisten da, die ebenfalls durchs Treppenhaus hochgelaufen kommen. „Guten Tag, Ihren Ausweis bitte?", spricht ein Polizist den Mann mit dem Hut an. „Das ist er, ja, das ist er", zeige ich wieder auf ihn. „Bitte, ihr müsst mir glauben, ich lüge nicht, er wollte mich wirklich umbringen", wiederhole ich mich immer wieder. Da nimmt mich ein Polizist in den Arm und versucht, mich zu beruhigen: „Kleine, wir glauben dir doch, wir glauben dir." Dabei drückt mich der Mann so fest, dass ich froh bin, dass er mir glaubt. „Wir beschützen dich, er kann dir nicht mehr wehtun, das verspreche ich dir", flüstert er in mein Ohr. In dem Moment spricht ein anderer Polizist Iwan direkt an: „Ausweis – und sofort an die Wand, Arme nach oben." Iwan nimmt aber nicht die Hände hoch, sondern zieht ein Messer aus der Tasche und will es auf mich werfen. „Dich bringe ich um", ruft er zu mir und schaut dabei so böse, dass ich Pipi in die Hose mache. Ich kann es einfach nicht aufhalten. Die Polizisten stürzen sich auf ihn. Sie halten ihn am Boden fest und einer der Polizisten hält ihm eine Pistole an den Kopf. Ich habe so viel Angst, ich zittere überall. Die Hände werden ihm auf den Rücken gedreht und Handschellen angelegt. „Sie sind festgenommen wegen des Verdachts ..." Die letzten Worte des Polizisten gehen unter, weil Iwan in meine Richtung brüllt: „Ich werde dich umbringen, egal wann." Nun wird er an mir vorbei die Treppen hinuntergebracht. „Du bringst niemanden mehr um", sagt der Polizist zu ihm, der mich vorhin getröstet hat und knipst mir dabei mit dem Auge zu. Unten angekommen, wird Iwan sofort ins Polizeiauto gesetzt. Im anderen Auto der Polizei fahre ich mit, direkt nach Hause zu Mama und Papa. Hoffentlich ist die Mama nicht böse auf mich, weil die Polizei mich nach Hause bringt. Nach kurzer Fahrt sind wir auch schon zu Hause angekommen. Als ich aus dem Auto steige, starren mich alle Leute von der Pommes-Bude an, so, als hätte ich etwas Böses getan. Ich fühle mich nicht wohl, wie alle so gucken. Die müssen doch sehen, dass ich gerade fast umgebracht worden wäre. ‚Aber wie sollen die das wissen', frag ich mich dann selbst. Wir gehen an allen Neugierigen vorbei zu unserer Türe und klingeln. Wir, das heißt zwei Polizisten und ich, gehen nach oben. Kaum haben wir die Wohnung betreten, lacht Mama hämisch und sagt: „Na, Gina, war ja wohl nichts mit dem Fahrrad, wurdest gerade beim Fahrradklauen erwischt, na warte mal, wenn das dein Vater hört." Ich kann gar nichts sagen, mir laufen dicke Tränen über mein Gesicht. „Da brauchst du auch nicht so rumheulen. Du wusstest es vorher, dass es Ärger gibt, Fräulein." Der Polizist schaut mich an und nimmt mich an die Hand. Dann spricht er ganz ruhig zu meiner Mutter: „So, Frau Tophofen, machen Sie mal einen Punkt! Ihre Tochter hat nicht gestohlen, sondern der Herr, ich nenne ihn mal bei seinem Vornamen, der Herr Iwan wollte ihre Tochter umbringen. Sie hat mit verdammt viel Glück überlebt. Eine Minute später wäre sie tot gewesen." Ich verstecke mich ein Stück hinter dem Polizisten. Kein Wort

meiner Mutter, dass sie betroffen wäre von dieser Nachricht, mit keinem Wort wendet sie sich an mich – geschweige denn, dass sie mich irgendwie tröstet. „Können Sie sich bitte anziehen und mit zum Polizeipräsidium kommen. Ihre Tochter muss untersucht werden und eine Aussage machen. Der Verdächtige wurde sofort in Untersuchungshaft gebracht. Er wird wegen versuchten Mordes angeklagt." Damit will der Polizist uns wahrscheinlich, das heißt wohl vor allem mich, beruhigen, dass von Iwan im Moment keine Gefahr ausgehen kann.
Meine Mutter kann immer noch nicht glauben, dass ich wirklich nichts geklaut habe. Sie holt ihre Schuhe und Tasche, und wir fahren mit dem Polizisten zur Wache. Bei der Polizei sitzen schon Futtes und Uwe. Mama wundert sich, warum die beiden auch da sind. „Na, was macht ihr beide denn hier?", fragt sie neugierig. „Sylvia, wir haben die Gina im letzten Moment retten können. Er hätte dein Mädchen umgebracht. Wir haben die Kleine bis unten schreien gehört und sind sofort nach oben gelaufen. Wir haben das ganze Haus abgesucht, bis wir sie endlich oben beim Iwan gefunden haben. Wir mussten die Türe auftreten und ihn losreißen von der Kleinen." „Das gibt's doch gar nicht. Er war doch immer so lieb, also das hätte ich beim besten Willen nicht gedacht", antwortet meine Mutter. So führen sie das Gespräch weiter und bei mir kommt nur noch alles halb an. Ich fühle mich wie im Traum, der nicht aufhört und ich einfach nicht wach werden kann. Ist die Mama jetzt froh, dass mir nichts passiert ist? Ich weiß es nicht. Was sagt der Papa gleich? Meine Angst geht einfach nicht weg. Wir sitzen fast die ganze Nacht bei der Polizei und dann auch noch beim Arzt. Danach fahren wir nach Hause.

Mama redet kein Wort mit mir. Endlich sind wir zu Hause, und ich möchte nur noch schlafen. Mama erzählt alles, was passiert ist, dem Papa. Der guckt mich nur böse an und sagt: „Du wolltest ja unbedingt ein Fahrrad haben. Du bist es selbst schuld, wenn du mitgehst." Mein Herz tut mir weh, ich zittere am ganzen Körper. Papa ist sauer auf mich, dabei hat er doch selbst gesagt, dass ich da alleine hingehen soll. Das zu sagen traue ich mich aber nicht. Ich gehe direkt in mein Zimmer und lege mich ins Bett. Als ich im Bett liege, merke ich, wie ich mich langsam sicher fühle, dass ich nun froh bin, hier zu sein. Ich danke dir, lieber Gott, du hast mich dieses Mal beschützt, danke.

Lebenslänglich

Überlebt

Unglaublich, sonst kennt man solche Sachen, also, dass ich fast umgebracht worden wäre, nur aus dem Fernsehen. Aber dieses Mal lief es nicht im Fernsehen. Diesmal war es echt, war es wirklich. Ich hätte bis zu diesem Zeitpunkt nie gedacht, dass mir so was einmal passieren könnte.
Dieser Mann wollte mich echt umbringen. Und ich hatte so viel Glück, dass ich es auch heute noch kaum fassen kann. Ehrlich, ich bin so froh, dass ich überleben durfte, denn ich lebe heute gerne. Auch wenn es nicht immer einfach ist, aber ich bin nicht alleine. Damals fühlte ich mich immer alleine, hatte niemanden, dem ich mich anvertrauen konnte, niemanden, der zu mir hielt.

Heute ist das ganz anders. Ich habe fünf wunderbare Kinder und ein Pflegekind, ein Mädchen. Sie ist wie eine kleine Schwester für mich. Und ich habe seit ein paar Monaten Kontakt zu meinen Halbgeschwistern, die ich fast zwanzig Jahre lang nicht gesehen habe. Ich habe eine große Schwester, mit der ich unglaublich viel Ähnlichkeit habe und mit der mich viele Geschehnisse verbinden. Sie ist einfach die beste Schwester, die man sich wünschen kann. Wenn ich daran denke, dass ich als Kind Angst vor ihr hatte und deswegen nie wirklich mit ihr klargekommen bin. Und plötzlich ist sie da und baut mich auf, bestärkt mich darin, das Buch fertig zu schreiben. „Es ist richtig, wie du es machst, ich finde es super", sagt sie zu mir. Jetzt weine ich schon wieder, aber dieses Mal vor Glück. Vor Glück zu wissen, auch ich habe Menschen, habe Geschwister, die mich verstehen und zu mir halten. Drei Brüder, die mich wie eine kleine Prinzessin behandeln. Die mich mit Liebe beschützen und nicht mit Gewalt beherrschen wollen. Ich kann einfach ich bleiben! Das ist unglaublich, dieses Gefühl in mir, das Gefühl, wirklich ich sein zu können, zu dürfen. Was für eine Kraft sich dadurch entwickeln kann! Ich lebe das Leben und kann es endlich wieder fühlen. Danke, lieber Gott, dass ich leben darf.

Lebenslänglich

Jeder macht mit mir, was er will

Wir sind bei meiner Mami. Alle sitzen auf dem Platz hinterm Haus. Drei Wohnwagen stehen im Kreis und in der Mitte ist ein großer Tisch aufgebaut. Mein Onkel spielt schöne Lieder auf seiner Gitarre. Ich mag das sehr, wenn er so spielt und singt. Wir singen alle mit und klatschen dabei in die Hände. Ich hab ein rosa Kleid an mit einer großen Schleife auf dem Rücken. Das Kleid darf ich aber nur bei meiner Mami anziehen, denn sie hat es mir gekauft. Und damit es auch schön bleibt, bewahrt sie es für mich auf. Heute darf ich hier schlafen, bei meiner Mami im Wohnwagen – und es ist so schön hier. Eigentlich möchte meine Mami, dass ich mit im Haus schlafe. Aber ich flehe sie so lange an, bis sie ‚ja' sagt, dass wir ausnahmsweise im Wohnwagen schlafen dürfen. Mein Onkel kriegt schon die Krise und schimpft mit mir. Er mag mich nicht und meint, dass ich doof bin und gehen soll. Ich stehe auf und geh ein Stück in Richtung Straße. Dabei komme ich am Fenster vorbei, wo meine Tante mal gewohnt hat. Die Wohnung ist aber jetzt leer. Als ich zum Fenster hochschaue, stehen dort meine Cousins und spucken hinunter. „Hey Gina, was machst du denn hier?", ruft einer der drei. „Ich darf bei der Mami schlafen", antworte ich und winke kurz hoch. „Willst du hochkommen und mit uns spielen?" „Ja, echt, darf ich wirklich hochkommen?", freue ich mich über das Angebot. „Na klar!", höre ich noch von oben und bin schon im selben Moment unterwegs Richtung

Hauseingang. Ich freue mich, drücke die Türe auf und gehe wie eine Prinzessin in meinem Kleidchen hoch. Einer meiner Cousins steht schon an der Türe und holt mich ins Zimmer. ‚Dürfen wir hier drinnen sein?', frage ich mich. Alles leer in dem Zimmer. Die Tapeten sind überall abgerissen – und es stinkt. Am Fenster hängt eine hässliche, braune Gardine, die halb abgerissen ist. Ich kann die anderen unten hören, wie sie lachen und zum Spiel der Gitarre ihre Lieder singen. „Was spielen wir denn, verstecken?" „Nein, komm mal mit nach hinten ins Zimmer." Er läuft vor, und dann treffe ich auch die anderen beiden. Das Zimmer ist ganz klein und drei Matratzen liegen auf dem Boden. Ich mag mich aber nicht daraufsetzen, weil mein schönes Kleid sonst ganz schmutzig wird. Dann bekomm ich Ärger und das möchte ich nicht. „Komm, setz dich hierhin", klopft einer der drei neben sich auf die Matratze. Irgendwie ist das doof, dass kein anderes Mädchen mit hier ist, nur Jungs, total blöd. Die ärgern mich bestimmt jetzt. „Nein, ich möchte mich nicht hinsetzen, ich dachte, wir spielen?" Die drei lachen: „Wir spielen jetzt auch mit dir. Komm, stell dich mal in die Mitte von uns und dreh dich langsam dabei." „Was ist das für ein Spiel?", will ich von ihnen wissen. Schließlich stelle ich mich in die Mitte und drehe mich. Mein Kleid dreht sich mit. Aber man kann meine Unterhose dabei sehen, das finde ich blöd. Ich drehe mich weiter und drücke mein Kleid ein bisschen runter. Einer von ihnen hält aber meine Hand fest und sagt: „Hey, genau so wollen wir dich sehen. Dreh dich schön weiter so." Dabei streichelt er mein Gesicht. „Du bist superhübsch, kleine Maus." „Das ist sie wirklich!" Ich drehe mich immer weiter. Und dann spüre ich ihre Finger an meinem Körper, wie sie an mir fummeln. Was für ein doofes Spiel! Ich habe Angst, stehenzubleiben, alles dreht sich und mir wird schwindelig. Dann fall ich einfach um, obwohl ich doch stehe. Meine Augen drücke ich ganz fest zu. Was passiert jetzt? Ob die Mami mich gleich unten sucht und hier hochkommt? Dann krieg ich Ärger, weil mein Kleid bestimmt ganz dreckig ist.

Die Hände kann ich immer noch an mir fühlen. Erst an meinen Beinen und dann an meinem Popo. Ich presse so fest ich kann meine Beine zusammen, damit ja keiner an meine Maus kommt. „Gina, kannst du mich nicht mal am Bello anfassen? Du hast doch bestimmt schon mal!"
„Na, klar hast du schon mal gefickt", meint einer meiner Cousins. Ich antworte nicht. ‚Hoffentlich kommt meine Mami schnell hoch, dann bekommt ihr alle Ärger', sage ich zu mir selbst. Ich will das Ding nicht anfassen. Die fragen mich wieder, ob ich schon mal gefickt habe. Auch mein Onkel fragt mich das immer: ‚Na, haste schon mal?' – und lacht dann so komisch. Und die Mama lacht dann mit. Ich gucke dabei meistens auf den Boden und spiele verlegen mit meinen Fingern. Wenn ich mal groß bin, ziehe ich nach Amerika. Dort findet mich keiner und ich muss nie mehr irgendwen anfassen. Ich hasse das alles hier, ich mach jetzt meine Augen auf und alle drei stehen ohne Hose da und halten ihre Dinger vor mir und rubbeln daran rum. Dabei lachen sie mich aus und streicheln mir über den Kopf. Einer sagt: „Für einen Mischling bist du sehr hübsch und hörst gut." ‚Was ist ein Mischling?', frag ich mich. Ich bin doch kein Hund, ich könnte losheulen. Die sind so ekelhaft! Sie hören nicht auf, an

mir rumzufummeln, klatschen mir auf meine Beine. „Toll machst du das, die anderen zicken immer nur rum, du bist ganz anders." Nun schaut mich einer von ihnen irgendwie traurig an und zieht sich die Hose hoch. „Hört auf", sagt er auf einmal, „bevor einer hochkommt. Die kann doch eh nichts, guckt mal, wie klein die ist." Die anderen beiden rubbeln jedoch weiter. Einer sagt: „Sei kein Spielverderber – ich bin jetzt auch fertig." Dabei schmiert er das eklige Zeug, was da aus seinem Ding rauskommt, an meinem Kleid ab. „Das Kleid ist eh hässlich", macht er sich auch noch lustig. Da kommt meine Tante ins Zimmer. Keiner hatte sie die Treppe heraufkommen hören. Sie sieht sofort, was los ist und schreit: „Ihr seid doch eklige Hunde, und du Mistvieh willst schon Schwänze fressen. Schämst du dich eigentlich nicht? Raus hier! Warte mal ab, wenn deine Mutter kommt, dann erzähle ich ihr mal, was für eine Sau du bist."

Ich schau die ganze Zeit nur auf mein Kleid, das jetzt ganz eingeschmiert ist, und denke, dass die Mami auch böse auf mich sein wird. Wenn die Mama kommt und das hier erfährt, krieg ich wieder Schläge; ich hab Angst. Wäre ich doch lieber unten geblieben. Jetzt darf ich hier bestimmt auch nicht mehr schlafen. Die drei Jungs sind schon abgehauen, meine Tante bringt mich nach unten und erzählt alles meiner Mami.

Ich traue mich aber nicht, ihr zu sagen, was passiert ist und dass ich es überhaupt nicht wollte. Ich schäme mich. Ein ganz schlechtes Gefühl ist in mir. Mami glaubt mir bestimmt nicht und in den Augen der Jungs bin ich auch noch eine Verräterin.

‚Judas' rufen sie mich dann. Ich sag einfach gar nichts mehr.
Immer darf ich nichts verraten, genau wie bei meinem großen Bruder damals. Manchmal wohnt der bei uns und schläft in unserem Zimmer. Ich mag ihn sehr. Wenn ich mal groß bin, heirate ich ihn. Ich mag sein Gesicht, es ist sehr hübsch. Nur die Zähne, die sind nicht schön, so gelb und sie stinken. Er hat immer viele Schmerzen. Von Mama bekommt er dann Tropfen. Anschließend geht's ihm wieder besser. Aber auch er macht so komische Sachen mit mir. Er sagt immer „Du kannst mich nur heiraten, wenn du dich auszieshst und dich neben mich hinlegst." Dann mache ich das auch und er fasst mich an meiner Maus an und rubbelt dabei an seinem Ding rum. Manchmal wird er auch böse und sagt: „Lass es, du bist zu klein." Einmal sagte er zu mir: „Komm mal ins Badezimmer und leg dich auf den Boden." Als ich mich auf den Boden gelegt hatte, gab er mir eine große, weiße Kerze und sagte: „Wenn die bei dir reinpasst, heirate ich dich." Ich hab versucht, die Kerze bei mir in die Maus zu stecken. Aber es hat sehr stark geblutet und ich musste weinen. Er war ganz böse auf mich und wollte nur noch, dass ich ins Bett gehe. „Du brauchst erst gar nicht mehr zu mir zu kommen, lass mich in Ruhe." Ich hab dann gesagt: „Bald bin ich sieben, vielleicht passt es dann besser da rein."
Er hat aber kein Wort mehr mit mir geredet, und ich war ganz schön traurig.
Nun sind meine Cousins auch böse auf mich und meine Mami kauft mir kein schönes Kleid mehr. Alles ist blöd, keiner mag mich wirklich.

Jetzt bin ich schon zehn Jahre alt und bald endlich groß. Vielleicht haue ich einfach ab, dann klaue ich Geld von der Mama und fahre nach Amerika. Ich baue mir eine Hütte im Wald und wohne dort, bis ich groß bin.

Lebenslänglich

Ich reiße aus

Ich bin böse gewesen, weil ich den Papa wieder verraten habe. Der Papa hat schon gesagt, dass ich gleich in den Keller müsste, weil ich anders nicht hören würde. Warum habe ich ihn nur verraten, jetzt ist er wieder ganz böse zu mir. „Mama, kann ich nicht mit dir kommen? Bitte, bitte, der Papa haut mich bestimmt, wenn du weg bist." „Nein, du kannst nicht mitkommen, du bist es auch selbst schuld. Wer nicht hören will, muss fühlen. Schicksals-Melodie", lacht sie mich aus und geht die Treppe nach unten. Sie geht einfach raus, ohne mich.
Ich geh zum Fenster, dort kann ich der Mama noch einen Kuss schicken, aber sie dreht sich noch nicht einmal mehr um. Wenige Augenblicke später kommt Papa auf mich zu, reißt – ohne ein Wort zu sagen – an meinen Haaren und schleudert mich durch den ganzen Flur bis in die Küche. Er hat einen Schlüssel in der Hand und boxt mir damit aufs Auge. Ich fliege durch die Küche: „Papa, ich verspreche dir, dass ich dich niemals mehr verrate, Ehrenwort. Papa, wirklich, die Mama hat mich gehauen und gesagt, sie weiß eh Bescheid. Ich hatte Angst, Papa, entschuldige bitte." „Du kriegst jetzt Angst von mir, du Bastard." Dabei biegt er meine Arme in alle Richtungen, bestimmt sind sie gebrochen. Papa zieht mich ins Wohnzimmer, klatscht mir mit der Rückhand zwei Mal so hart in mein Gesicht, dass die Nase sofort blutet. Meine Lippen sind aufgeplatzt. Ich kann das Blut in

meinem Mund schmecken, trau mich aber nicht, meinen Mund abzuputzen. Tränen laufen mir über die Wangen, ich falte die Hände ineinander und schaue auf meine Hose hinunter. Das Blut tropft auf Hose und Pullover. Jetzt nimmt der Papa meinen Kopf und dreht ihn zu sich hin. Ich schau in seine Augen, die eigentlich ganz lieb aussehen.

Irgendwie tut er mir leid, am liebsten möchte ich ihn in den Arm nehmen und zeigen, dass es mir so leid tut.

„Sieh, was du angerichtet hast, mein Mädchen, das hätte nicht sein müssen. Du zwingst mich zu solchen Sachen, jetzt blutest du auch noch. Putz dir mal deine Nase. Zeig mal deine Zähne, alle noch drinnen? Ganz schön dick, deine Lippe. Dickes Auge, dicke Lippe und eine aufgeschlagene Nase. Das nächste Mal weißt du Bescheid. Komm, lass dich mal drücken, ich liebe dich doch. Du zwingst mich dazu, dir wehzutun, bist es selbst schuld." „Ja, Papa, ich weiß es, dass ich selbst schuld bin. Ich verspreche dir, so was niemals mehr zu machen, wirklich." „Na, dann kannst du mir ja zeigen, wie sehr du mich liebst. Zieh dich mal aus. Du musst anständig einen reingedrückt haben. Deine Titten sind so schön dick geworden, da träumt deine Mutter von. Lass mich sie mal massieren, dann werden sie noch schöner."

Heute werde ich abhauen, das schwöre ich mir. Nur, wie mache ich das? Hoffentlich muss ich nicht in den Keller runter. Ich habe immer Angst, dass er mich da nicht mehr rauslässt.

Papa zieht mein T-Shirt über meinen Kopf, um an meine Brüste ranzukommen. Er sabbert an mir rum. Ich hasse es! Das Gefühl wird unerträglich. Soll ich ihm einfach die Blumenvase über den Kopf schlagen und so schnell ich kann rausrennen? Aber Papa kann so schnell laufen, er kriegt mich sowieso und bringt mich dann um. Nein, irgendwie schaffe ich es schon abzuhauen. Dann spring ich eben aus dem Fenster.

„Weißt du was, wir gehen runter in den Keller, da kannst du auch schreien, keiner wird dich hören." Jetzt muss ich ja doch in den Keller. Er wird mich wieder im Keller vergessen. Mann, ich will hier raus, raus aus diesem Haus, raus aus dieser Familie. Ich ziehe mein T-Shirt an und gehe in den Flur. Papa nimmt einen Holzlöffel aus der Schublade. Ob er mich wieder damit schlägt? Dabei mach ich doch nichts. Ich habe doch getan, was er will. Die Angst in mir kann er bestimmt sehen, mein Herz klopft so schnell, ich schwitze und zittere gleichzeitig dabei. „Komm, mein Mädchen, du brauchst keine Angst zu haben. Den Holzlöffel nehme ich mit, damit du da reinbeißen kannst." Wieso reinbeißen, ich versteh nicht, was Papa damit meint. Jetzt hab ich noch mehr Angst, bringt er mich jetzt um und wirft mich in die Regattabahn oder vergräbt mich im Wald? Lieber Gott, du beschützt mich doch, bitte, er bringt mich nicht um, oder?

Wir gehen ums Haus herum. Hinten am Hof ist die Treppe, die in den Keller führt. Man kann auch über die graue Platte, die draußen im Boden ist, in den Keller kommen. Da wirft Papa immer Holz rein oder Kohle, die wir geliefert kriegen, wenn es draußen kalt ist.

Im Keller steht ein ganz alter, schwarzer Ofen, daneben ein

großer Hocker, auf den man sich setzen kann und warten muss, bis der Ofen durchgeheizt ist. Nur so kann man das komplette Haus heizen. Jetzt ist der Ofen allerdings aus. Es ist sehr gruselig, es brennt auch kein Licht. Der Papa macht eine kleine Kerze an und stellt sie auf den Ofen. „Zieh deine Hose runter, es wird nur einmal kurz wehtun. Danach wird es sehr schön, und das nächste Mal wird es nicht mehr so schlimm werden. Deiner Schwester hat es auch sehr gefallen, so wie es dir auch gefallen wird. Du wirst schon sehen." Papas Ding ist wieder total hart und groß. Er rubbelt daran. Er ist so betrunken, dass er dabei immer hin und her kippt. Aber er ist ja fast immer betrunken. „Wenn du schreien musst, kannst du hier fest reinbeißen." Und drückt mir den Holzlöffel in die Hand. Nun muss ich mich über den Hocker beugen und in den Löffel beißen. So fest ich kann, beiß ich hinein. Papa schlägt mir ganz feste auf meinen Popo. ‚Jetzt haut er mich doch!', denke ich und klammere mich am Hocker fest. Papa drückt meinen Popo hoch und schiebt ganz fest sein Ding in meine Maus. „Aua, Papa", schreie ich ganz laut. „Ja, du geiles Schnüpperken, schrei ruhig, das macht mich schön geil. Wie schön eng du bist. Das macht Spaß, dich zu ficken." Immer schneller drückt er das Ding in mich hinein. Als ich mich nach vorne bewege, kommt er immer näher an mich heran. Papa zieht an meinen Haaren und reißt meinen Kopf nach hinten. „Hiergeblieben, friss schön meinen Schwanz. Gut passt er bei dir rein. Ab jetzt werd ich dich immer durchficken." ‚Ich werde dich umbringen', schießt es mir zum ersten Mal durch den Kopf. Wenn ich nur eine echte Waffe hätte … – dann könnte er mir niemals mehr wehtun.

Ich hasse mein Leben. Ich möchte endlich tot sein.
Es fühlt sich an, als wäre irgendetwas in mir gerissen. Es brennt so sehr, meine Fingernägel sind abgerissen, so fest drücke ich meine Finger in den Hocker hinein. „Super lässt du dich ficken, das ist schön. Jetzt spritz ich dir gut in dein Loch rein, geil, geil." Er schüttelt das Ding an mir ab und klatscht mir wieder feste auf meinen Popo. Papa ist fertig, nimmt ein dreckiges Tuch vom Ofen und reibt sein Ding sauber. Mir läuft das komische Zeug aus meiner Maus. Es ist so ekelhaft glitschig in mir, ich will mich nur noch waschen. „Ich bin sehr stolz auf dich, mein Engel, siehst du, wie gut er in dich reingepasst hat. Nur, solltest du mich verraten, mach ich kurzen Prozess. Da gibt's einen Karnickelfangschlag, dann hast du das letzte Mal was gesagt. War das klar und deutlich genug?" „Ja, Papa, ich werde dich niemals verraten, versprochen", flüstere ich beinahe. „Das hast du schon tausendmal gesagt und mich dann doch immer wieder verraten." Bei diesen Worten drückt er meinen Hals zu und droht: „So werd ich dich einfach umbringen, solltest du es doch tun." Ich kann gar nichts sagen, weil Papa meinen Hals zu fest zudrückt. Nickend schau ich ihn an. „So, mein Engel, wir gehen nach oben. Du machst ein bisschen sauber, danach kannst du Fernsehen gucken."
Wir gehen zurück in die Wohnung. Kurze Zeit später klingelt es an der Türe und meine große Schwester mit ihrem Freund sind da. Sie beachtet mich kaum. „Claudine, mach mal einen Kaffee." Ich gehe in die Küche. Als ich den Schrank öffne, sehe ich dort zwei Scheiben Brot liegen. ‚Soll ich jetzt abhauen?', geht es mir sofort durch den Kopf. Schon oft hatte ich

diesen Gedanken. Bisher habe ich mich nicht getraut. Doch nun, nachdem er mich vergewaltigt hat!? Mama wird es sowieso wieder wissen – und dann haut sie mich auch wieder. Und der Papa bringt mich wirklich um. Sofort packe ich das Brot ein, ziehe meine Jacke an und gehe so leise es geht die quietschende Holztreppe hinunter. Unten angekommen öffne ich die Türe und quetsche mich durch die Hecke, die sich direkt neben unserem Haus befindet. Ich laufe einfach los. So schnell ich kann. Ohne mich noch einmal umzudrehen. Aus Angst, ihn zu sehen, wie er mir nachrennt. Immer weiter renne ich. Das Haus ist längst nicht mehr zu sehen. Nie mehr gehe ich nach Hause zurück. Ich weiß gar nicht, wohin ich gehen soll. Zunächst überlege ich dorthin zu gehen, wo meine Tanten, Onkeln und meine Mami wohnen. Die meisten meiner Sippe leben in Bayern, bei meiner anderen Tante. Vielleicht kann ich mich ja in der Wohnung oben verstecken?

Dort angekommen, laufe ich von Auto zu Auto, versteckt und gebückt bis zur Türe von meinem Onkel. Kein Auto weit und breit zu sehen, niemand ist da. Schnell drücke ich die Türe auf und laufe nach oben. Weil das Schloss kaputt ist, lässt sich die Wohnungstüre öffnen. Vorsichtig geh ich in die Wohnung hinein, alles ist ganz still. ‚Hier kann ich mich erst einmal verstecken, ohne dass mich einer finden kann', denke ich mir. Vielleicht habe ich Glück und in den nächsten Tagen wird hier keiner sein. Ich überlege, ob ich den Fernseher einschalten soll. Nein, ich lasse ihn aus. Zu gefährlich, dass mich dann doch einer entdeckt. Erst einmal ziehe ich mich aus und gehe ins Badezimmer, um mich zu waschen. Ich stehe nackt vor dem Spiegel, betrachte meinen

Körper. Meine Lippe ist stark aufgeplatzt. Es blutet ein bisschen. In meiner Nase ist noch getrocknetes Blut zu sehen. Ich schaue nach unten zu meiner Maus. Ob ich da auch blute!? Alles ist ganz rot und wund. Schnell schaue ich wieder nach oben. Der Gedanke an das Erlebte ist schrecklich und es tut auf einmal noch mehr weh, nicht nur da unten, nein überall, auch von innen, alles ist verkrampft. Ich fühle mich wie eingeschnürt.
Nachdem ich fast zwei Stunden geduscht habe, um den Dreck und vor allem den Ekel von mir abzuwaschen, fühle ich mich etwas besser, aber auch schrecklich alleine. Trotzdem: Ich gehe nicht mehr nach Hause! Nie mehr! Am besten ist es wohl, wenn ich ein bisschen schlafe. Da ich ja nicht sicher weiß, ob nicht doch jemand nach Hause kommt oder auch ob Papa nach mir sucht, verstecke ich mich im Schlafzimmerschrank.
Mitlerweile ist es stockdunkel geworden. Ich traue mich nicht, Licht zu machen. Jedes Auto, das vorbeifährt, macht mir Angst und ich denke, ob sie nicht doch nach Hause kommen. Diese Angst ist unerträglich.
Nach zwei Tagen bekomme ich zum ersten Mal richtig Hunger. Die zwei Scheiben Brot, die ich von zu Hause mitgenommen hatte, sind längst gegessen. Schon die ganze Zeit überlege ich, wohin ich gehen könnte. Denn irgendwann kommen ja alle zurück. Ich schaue aus dem Fenster direkt auf die Straße. Da sehe ich ein schwarzes Auto kommen. So ein Auto hat auch meine Mami. Ich schaue vorsichtig hinter der Gardine, ob sie es ist. Tatächlich, es sind meine Mami und meine Onkel, und meine jüngste Tante ist auch dabei. Aufgeregt laufe ich in der Wohnung hin und her. Was mache ich denn jetzt bloß? Ich verste-

cke mich wieder im Schrank. Wenn es ganz dunkel geworden ist, schleiche ich mich hinaus. So ist mein Plan. Dann sieht mich keiner. Ich mach mich so klein ich kann, lege die Decke über mich. Im Schrank ist es stockdunkel.
Nach einiger Zeit höre ich Geräusche an der Zimmertüre. Irgendjemand ist jetzt hier oben. „Gina, wo bist du? Ich weiß genau, dass du hier bist." Es ist einer meiner Cousins. Wenn ich rausgehe, wird er mich sowieso verraten, also bleib ich hier drin. Er läuft durch die Wohnung und macht überall das Licht an. Ich kann jedes Geräusch hören – und auf einmal geht der Schrank auf. Ich halte die Luft an, damit er mich nicht bemerkt. Ich zittere am ganzen Körper. Plötzlich reißt jemand die Decke weg und ruft: „Da bist du ja! Alle suchen dich schon! Warum bist du abgehauen? Deine Mama und dein Papa sitzen unten bei der Mami und machen sich Sorgen." „Bitte verrate mich nicht, bitte, ich will nicht mehr nach Hause, bitte", flehe ich ihn an. „Okay, ich geh nach unten und guck, was ich machen kann. Versprechen kann ich aber nichts." In der Zwischenzeit ziehe ich meine Schuhe an, um sofort abzuhauen. Kaum habe ich die Schnürriemen gebunden, steht er auch schon wieder vor mir. „Du musst mit runterkommen, deine Mutter weint schon und dein Vater auch. Ich konnte nichts machen." Von wegen, die weinen, das glaub ich nicht, sonst weinen sie auch nicht. Der hat gar nichts versucht, dass ich hier irgendwie abhauen kann. Aber denen da unten hat er wohl auch nicht gesagt, dass er mich entdeckt hat, sonst wären die schon alle zu mir hochgestürmt. Ich sag gar nichts und gehe mit nach unten, wo auch meine Mami ist. Sie muss mir helfen! In der Wohnung un-

ten angekommen, sitzen sie alle da, meine Tanten, mein Onkel. Ein anderer Onkel kommt gerade ins Zimmer. Der Mann von meiner Tante ist auch da. Meine Mutter und mein Vater sitzen auf der Eckbank. Die anderen stehen verteilt in der Küche. Sofort, als ich den Raum betrete, schreit meine Mami mich an: „Wieso hast du dich oben versteckt? Wieso musst du immer nur Ärger machen? Hab ich dir nicht verboten, hierher zu kommen? Ich hab mir geschworen, dass du Schläge von mir kriegst, wenn du doch hier herkommst. Und jetzt auch noch das! Von zu Hause abgehauen! Warum bist du überhaupt abgehauen?"
Ich schaue rüber zum Papa. Am liebsten würde ich jetzt gerne alles sagen. Mir glaubt aber sowieso keiner. „Ich weiß es nicht, Mami", antworte ich ängstlich. Kaum habe ich das letzte Wort ausgesprochen, sticht sie mit ihrem Zeigefinger nach meinem Auge. „Wie, du weißt es nicht!? Warte mal ab, gleich wirst du schon wieder wissen, warum. Jetzt kriegst du richtige Schläge. Das wird dir helfen, dich zu erinnern. Dieses Mal zeig ich dir, was es heißt, nicht zu gehorchen. Ich will, dass ihr alle zur Tante rübergeht. Wenn ich mit der hier fertig bin, rufe ich euch an." Der Mann von meiner Tante knotet ein Kabel und gibt es meiner Mami. „Hier, damit du dir nicht die Finger kaputthaust." Meine Mami nimmt das Kabel und legt es über einen Stuhl. Alle gehen aus dem Zimmer. Papa geht als Letzter. Er kommt zu mir und zieht an meiner Hose, damit ich mitkomme. Er merkt, dass ich heute alles erzählen werde. „Du kannst gehen, Peter, die Gina kommt hier nicht eher raus, bis sie die Prügel gekriegt hat, die sie braucht. Heute lasse ich mich nicht lumpen." Papa dreht sich um und geht hinaus. Ich schaue noch, wie die Türe zugeht.

Mami beschimpft mich: „Dich habe ich als meinen Liebling gehabt. Jetzt kriegst du von mir richtig was, weil du einfach nicht hören willst." „Bitte, Mami, ich will es dir erklären, bitte Mami." Ich weine, aber es ist ihr egal, sie hört mir gar nicht zu. Statt dessen nimmt sie das Kabel und prügelt damit auf mich ein. Überall werde ich von ihren Schlägen getroffen. Immer wieder schlägt sie zu. Und zwischendurch beschimpft sie mich. Meine Beine sind aufgeplatzt von den harten Schlägen mit dem Kabel. „Mami, bitte, du musst mir zuhören, bitte!" Ich kann mich kaum noch bewegen und krieche über den Boden, immer weiter drischt sie auf mich ein. Mit Mühe schaffe ich es, unter die Eckbank zu kriechen, doch Mami reißt den Tisch beiseite, um an mich ranzukommen. „Mami, bitte hör mir doch bitte zu." Ich spreche einfach weiter: „Mami, der Papa kommt mich immer im Bett besuchen und macht so komische Sachen mit mir. Die Mama weiß alles, aber die haut mich dann immer. Bitte, Mami, du musst mir glauben! Bitte!" Mein Redeschwall wird unterbrochen von ihren Schlägen. Doch ich merke, dass sie hört und versteht, was ich sage. Ich stehe hinter dem Tisch gebeugt, weil mir alles so schrecklich wehtut. Meine Beine fühlen sich heiß an und die Hose klebt an mir. Ich blute überall, meine Lippen sind noch dicker geworden, ein Stück Zahn fehlt mir. Ich kann mich nicht beruhigen, so eine Angst habe ich. ‚Jetzt habe ich ihn richtig verraten', denke ich, ‚Papa wird mich umbringen.' „Mami, ich will nicht mehr nach Hause." Meine Mami hat aufgehört, mich zu schlagen. Wie versteinert bleibt sie stehen. Sie lässt das Kabel fallen und setzt sich. Dann sagt sie: „Gina, ich glaube dir. Du musst mir alles erzählen. Nach Hause brauchst du nicht mehr." In dem Moment muss ich schrecklich weinen. Alles bricht aus mir heraus, alles wird mit diesen Tränen aus mir herausgespült.

Endlich, endlich hilft mir jemand.

Meine Mami gibt mir eine Zigarette und erlaubt mir, eine zu rauchen. „Du musst deinen Vater anzeigen. Und am besten ist es, wenn du weit weggehst und nie mehr zurückkommst." Und dann sagt sie noch: „Mach was aus deinem Leben!" Anschließend ruft sie bei meiner Tante an, um mit meiner Mutter zu sprechen und dass sie alles weiß, was zu Hause passiert ist.

Ich muss gehen. Auch zur Polizei gehe ich ganz alleine. Dort erstatte ich Anzeige gegen meinen Vater. Danach holt mich eine Frau vom Jugendamt ab und bringt mich in ein Heim.

Lebenslänglich

Wie kann man einem Kind das antun?

Diese Frage stelle ich mir immer wieder: Wie kann man einem Kind so etwas antun? Ich kann bis heute nicht verstehen, wie sie mir das antun konnten. Die, denen ich am meisten vertraut habe, meinem Papa, meiner Mama. Und ich kann nicht verstehen, dass die, die es gewusst haben, nichts getan, mir nicht geholfen haben. Die, die es genau gewusst hat, meine Mutter nämlich, hat geschwiegen bzw. mich verantwortlich gemacht, geprügelt und gedemütigt.

Dieses Buch zu schreiben, hat mich sehr viel Kraft gekostet, hat mich oft völlig runtergezogen, mich weinen und verzweifelt sein lassen.
Oft hatte ich das Gefühl, nicht weiterschreiben zu können. Zu schmerzhaft waren die Erinnerungen, zu offensichtlich haben sich die damals entstandenen Wunden in meine Seele eingebrannt. Ich kann nicht vergessen, vergeben schon mal gar nicht.

Ich habe **lebenslänglich!**

Heute sitze ich hier mit meinem Handy und schreibe das Buch, ja, ich schreibe das Buch auf meinem Handy. Der Drang ist so groß, allen zu zeigen, schaut her, was ihr mir angetan habt.

Seit drei Monaten schreibe ich nun schon an dem Buch und es gab Momente, in denen ich aufgeben wollte, in denen ich dachte: Es bringt eh nichts.
Niemanden wird es interessieren. Man will gar nicht wissen, dass so etwas passiert, vielleicht sogar nebenan bei den freundlichen Nachbarn.
Immer wieder breche ich in Tränen aus, immer wieder stelle ich mir die Frage, ob es richtig ist, dieses Buch zu schreiben? Und wenn ich dann meine Kinder ansehe, weiß ich: Ja, es ist das Beste, was ich je tun konnte!
Ich werde es für jedes einzelne Kind tun, das so etwas Schreckliches erleben musste. Im Namen aller Kinder dieser Welt: Auch ihr habt Rechte! Ihr habt das Recht auf ein gewaltfreies Leben!

Es macht mich traurig und lässt mich verzweifeln, die grausame Welt, in der wir leben – und dazu noch glauben, alles richtig zu machen.

Ich lebe in Deutschland. Man sollte meinen, in „einem gerechten Land". Wie empfinden wir denn Gerechtigkeit? Ist unsere Gerechtigkeit etwa eine im Namen der Täter und die Opfer sind selbst schuld? Ich weiß, eine schwierige Frage!

Auch frage ich mich, wieso ich eigentlich so viel Glück hatte. Das mag sich seltsam anhören, aber letztlich hatte ich auch Glück. Glück, dass ich nicht umgebracht worden bin, Glück, die vielen Prügel irgendwie überstanden zu haben und auch Glück, dass ich es geschafft habe, von zu Hause auszubrechen

und – wenn auch nach einem langen Anlauf – ein neues Leben beginnen zu können.
Obwohl mich der Missbrauch ein Leben lang verfolgen wird, er untrennbar mit meinem Leben verbunden ist, glaube ich, heute ziemlich normal zu sein, ein einigermaßen normales Leben zu führen.

Dennoch holt mich die Vergangenheit immer wieder ein. Ich empfinde dann meist ein Gefühl in mir hochkommen, das so traurig macht. Auch fühle ich mich dann wieder so dreckig, wie ich es damals empfunden habe. Und dann befinde ich mich schon in so einer Art Depression. Dann muss ich mich stark zusammenreißen. Muss denken, dass ich leben will, für meine Kinder dasein muss. Ich versuche dann, das Leben meiner Kinder in den Vordergrund zu stellen. Wobei ich noch so viel lernen muss. Ständig habe ich Angst, keine gute Mutter zu sein. Diese Angst verunsichert mich manchmal sehr. Aber ich stelle mich dieser Angst und gebe einfach alles! Meine Kinder sind zur Zeit zwischen fünf und sechzehn Jahren alt. Wenn ich meine Kleinste anschaue, frage ich mich immer wieder, wie kann man so einem kleinen Menschen so viel Böses antun, wie mir angetan worden ist? Und dann macht mich der Gedanke fertig, nicht hundertprozentig meine Kinder beschützen zu können. Manchmal wünsche ich mir einen Spezialaufpasser, der meine Kinder am besten vierundzwanzig Stunden bewacht. Meine siebenjährige Tochter ist so zutraulich und weltoffen und damit aber auch so angreifbar, und ich meine, sie besonders beschützen zu müssen. Am liebsten würde ich sie nie alleine vor die Türe lassen, sie immer begleiten. Aber ich kann sie ja nicht einsperren. Sie darf nicht Opfer meiner Ängste sein.

Beim Schreiben dieses Buches hat mich auch die Frage belastet, was werden die Menschen denken, wenn sie das Buch lesen? Tausend Fragen, die mich bewegen und quälen. Und mir auch Angst machen! Vielleicht denkt man, wie kann man so was nur aufschreiben und dann auch noch veröffentlichen.
Glaubt mir, es fällt mir nicht leicht zu wissen, dass nun viele Menschen erfahren, was ich erlebt habe, was mit mir passiert ist. Auch heute als Erwachsene kommt immer wieder das Gefühl in mir hoch, das so traurig macht. Ich war so allein, so hilflos – lebte in ständiger Angst.

Neben meinen Ängsten verfolgt mich natürlich auch die Frage nach der Schuld und auch nach Vergebung.
Sie, die „Täter", sind hauptsächlich mein Vater und meine Mutter. Beide leben nicht mehr. Aber werden sie deshalb heilig und frei von Schuld, dadurch, dass sie gestorben sind?
Nein, werden sie nicht! Ich habe meine Mutter sehr geliebt, auch noch nach dem, was mir alles angetan worden war. Als ich mit der wunderbaren Journalistin Veronika Vattrodt das erste Buch über mein Leben geschrieben habe, und ich zum ersten Mal in meinem Leben in Einzelheiten über meine Vergangenheit, meine Kindheit, gesprochen habe, wurde mir vieles klar. Von diesem Zeitpunkt an hat sich auch meine Sicht auf meine Mutter verändert. Ja, sie hatte sich bei mir entschuldigt, aber es konnte nichts mehr an dem großen Schmerz in meinem Herzen ändern.

Ich dachte damals, dass ich ihr vergeben hätte. Es gab, kurz bevor sie starb, eine Situation, in der ich sie mit dem Auto zu ihrer Kirchengemeinde brachte. Meine Mutter war inzwischen gläubig geworden, sie hatte sich sehr verändert. Ich dachte, jetzt ist die Möglichkeit da, sie auf den Missbrauch anzusprechen. Als ich auf das Thema zu sprechen kam, blockte sie sofort ab. Sie sagte: „Du weißt doch genau, dass du vergeben und verzeihen musst. Dein Vater hat dir auch vergeben." Ich war fassungslos. Von dieser Bemerkung war ich so enttäuscht und wurde wütend. Ich fragte mich, was hat er mir nur vergeben? Was? Dass ich ihn angezeigt hatte und er nie für seine Taten ins Gefängnis musste?

Ich aber „lebenslänglich" bekommen habe? Die Äußerung meiner Mutter hatte mich sehr getroffen. Sollte ich einem Kinderschänder verzeihen müssen? Der liebe Gott kennt mein Herz, den Schmerz, den ich in mir trage.

Als meine Mutter starb, habe ich sie gehasst. Gehasst, weil sie mich verlassen, mir nicht geholfen hatte, als ich verzweifelt und alleine war – und weil sie von mir erwartete, meinem Peiniger auch noch verzeihen und vergeben zu müssen.
Bis heute sind meine Fragen unbeantwortet geblieben. Fragen an meine Mutter, die sie mir nie beantwortet hat: Warum hast du mir nie geholfen? Wie konntest du mir so viel Schmerz zufügen? Wo ich dich doch so geliebt habe!
Mama, wieso hast du mir das angetan? Dass sie mir damals nicht geholfen hat, war beinahe schlimmer als der Missbrauch

meines Vaters. Das, was mit mir passierte, ist die Höchststrafe für eine Kinderseele. Und sie hat mich verraten, mir nicht geholfen. Eine bittere Erkenntnis.

Ich werde es aber nicht weiter zulassen, dass dieser Schmerz mein Leben beherrscht. Ich habe Rechte. Ich habe das Recht zu sagen, ich war klein und niemand war für mich da. Keiner wollte mich haben, meine Familie war nur ein einziger Schrecken für mich. Was für eine Familie? Das ist doch keine Familie, sondern eine grausame Horror-Gesellschaft.

Viele dachten, dass meine Eltern sehr lieb wären. Sie wurden nicht beachtet in ihrem Handeln, wie sie tatsächlich zu uns Kindern waren. Alle, die wir kannten, kamen sehr gut mit ihnen aus. Mein Vater hat viel gelacht und Blödsinn mit anderen Kumpels gemacht.
Keiner hätte jemals gedacht, dass er so böse Dinge tut. Dass er seinen Kindern, dass er mir so etwas Schreckliches antut. Nein, man hätte eher gedacht, dass ich lüge und mir irgendwelche Geschichten ausdenke. Bei meiner Mutter ist es ganz ähnlich. Sie hat auch so normal nach außen hin gelebt, gelacht, als wenn wir das schönste Leben hätten. Und wenn dann doch mal jemand was mitbekommen hatte, zum Beispiel dass wir geschlagen wurden, hatten sie die besten Geschichten parat. Man muss sagen, Ende der Achtziger, Anfang der Neunziger war es noch ganz normal, dass man seine Kinder geschlagen hat. Ohne dass es rechtliche Folgen gehabt hätte. Es gehörte zu einer guten Erziehung dazu, Zucht und Ordnung zu halten.

Das Jugendamt kam uns sehr häufig besuchen. Für diese Momente duften wir auch immer ins Wohnzimmer. Wir wurden gewaschen und mussten leise am Tisch sitzen. Mit der Frau vom Jugendamt haben wir dann auch mal ein Spiel zusammen gespielt. Wenn wir gesprochen haben, hat unsere Mutter uns mit ihren Blicken gesteuert. Wir wussten genau, dass wir über bestimmte Dinge nicht sprechen durften – prügeln, immer im Zimmer sein zu müssen oder dass der Papa sich oft betrinkt. Sobald meine Mutter gemerkt hatte, dass die Gespräche mit dem Jugendamt intensiver wurden, schickte sie uns in den Garten, um dort zu spielen. Somit wusste sie genau, dass wir keine Fragen beantworten konnten. Mein Vater war nie bei den Gesprächen dabei. Mutter hatte das immer so organisiert, dass Papa nie anwesend war. Er war dann meistens bei seinen Kumpels und hat mit ihnen getrunken.

Obwohl es dem Jugendamt bekannt war, dass es früher in unserer Familie bereits Kindesmissbrauch gegeben hatte, haben sie nie genau hingesehen. Schließlich waren wir ja für die Nachbarn, die Bekannten ... eine tolle Familie. Die Eltern gehen nett mit ihren Kindern um, sind freundlich und aufgeschlossen. Niemand hätte es für möglich gehalten, dass so schlimme Sachen in unserer Familie geschehen würden. Und wenn, hätte man sich sowieso rausgehalten, hätte weggeschaut.

Es macht mich wütend, wenn die Leute sagen, wie kannst du nur so schlecht über deine Eltern reden? Er war doch dein Vater und sie deine Mutter.

Aber sie waren auch Täter, haben mich missbraucht, meine Kindheit zerstört, mir meine Unbefangenheit genommen und eine lebenslange Last auferlegt. Und auch später noch haben sie keine Reue gezeigt, haben mich nicht verstanden, mich nie akzeptiert. Selbst als ich so langsam mein Leben in den Griff bekam, fand ich keine Anerkennung – in meiner ganzen Familie nicht. Sie haben meine Ausbildung zur Zahntechnikerin und später zur Altenpflegerin nicht „wahrgenommen", einfach ignoriert. Sie wussten es alle, die ganze Familie, dass ich diese Ausbildungen gemacht habe.

Nur weil ich auf dieses „gelogene Leben" keine Lust mehr habe und mit meiner Lebensgeschichte (meine Zeit als Obdachlose in dem Buch „So lange bin ich vogelfrei – Mein Leben als Straßenkind" beschrieben habe) ganz plötzlich in der Öffentlichkeit stehe und allen zeige, was passiert ist, werde ich nach wie vor ausgestoßen. Doch ich muss sagen, lieber alleine das Leben meistern, als ausgegrenzt zu werden und mich unterdrücken zu lassen. Ich habe so hart für mein Leben gekämpft, um es frei leben zu dürfen. Und ich lasse es mir nicht nehmen, weiter für die Wahrheit zu kämpfen. Sollen alle wissen, was passiert ist, ja, alle müssen es sehen. Ich habe mich mein ganzes Leben dafür geschämt und mich versteckt. Niemand sollte es wissen, weil ich so große Angst hatte, dass man mir sagt: Du bist doch selbst schuld.

Daher ist es mir so wichtig, es laut und deutlich zu sagen: Kein Kind, das so etwas erlebt, das missbraucht wird, trägt Schuld daran.

Alle Betroffenen sollen auch wissen: **Wir sind nicht alleine – gemeinsam sind wir stark.**

Jetzt wisst ihr, was so einem kleinen Mädchen passiert, was mir als Kind passiert ist. Dass es viele Kinder gibt, die missbraucht, misshandelt werden. Das die Täter häufig eine geringe Strafe, wir, die Opfer, aber **lebenslang** *erhalten, ist ein Skandal. Daher sind wir alle verpflichtet, unsere nächste Generation, unsere Kinder, zu schützen – und nicht zu warten, bis es zu spät ist.*

Kindesmissbrauch bedeutet Seelenmord.

Hilfe bei sexuellem Missbrauch oder täglicher Gewalt erhält man bei diesen Organisationen. Selbstverständlich kann man sich auch anonym an diese Einrichtungen wenden.

■TelefonSeelsorge

Erste Hilfe bietet z. B. die TelefonSeelsorge: Die Berater helfen bei unterschiedlichen Problemen weiter – auch bei sexuellem Missbrauch. Die kostenlose Hotline ist rund um die Uhr erreichbar unter **0800 – 111 0 111** oder **0800 – 111 0 222**.
www.telefonseelsorge.de

■DUNKELZIFFER e. V.

Hilfe speziell für missbrauchte Kinder bietet der Verein DUNKELZIFFER an.
Eine telefonische Beratung für Kinder und Angehörige gibt es dienstags und donnerstags von 10 – 13 Uhr unter **040 – 4 21 07 00 10**. (Aus Deutschland gelten die laut Telefonanbieter festgelegten Tarife für Telefonate ins deutsche Festnetz.)
Informationen und Kontakte gibt es unter:
www.dunkelziffer.de

ZARTBITTER e. V.

Kontakt- und Informationsstelle gegen sexuellen Missbrauch an Mädchen und Jungen
Sachsenring 2–4, 50677 Köln
Tel.: 0221 – 31 20 55
Informationen zum Thema Missbrauch gibt es auch unter:
www.zartbitter.de

Wildwasser e. V.

Gegen sexuellen Kindesmissbrauch
Tel.: 06142 – 96 57 60
www.wildwasser.de
Beratungsstellen gibt es an vielen Orten.

Unabhängiger Beauftragter

Es ist nie zu spät, über sexuellen Missbrauch zu sprechen. Unter der kostenfreien Rufnummer des Unabhängigen Beauftragten **0800 – 22 55 530** können sich Betroffene sexuellen Missbrauchs anonym und vertraulich an ein Team von Fachleuten aus den Bereichen der Sozialpädagogik, Psychologie und Medizin wenden.

Aber auch Angehörige sowie Menschen, denen Fälle von Missbrauch in ihrem privaten oder beruflichen Umfeld auffallen, können bei der telefonischen Anlaufstelle anrufen. Wenn gewünscht, zeigen die Expertinnen und Experten den Anrufenden weitere Möglichkeiten der Hilfe und Beratung in ihrer Nähe auf.

Sprechzeiten: Montags, mittwochs und freitags: 9 – 14 Uhr, dienstags und donnerstags: 15 – 20 Uhr

Schriftlich ist der Unabhängige Beauftrage unter diesen Kontaktdaten erreichbar: Unabhängiger Beauftragter für Fragen des sexuellen Kindesmissbrauchs, Postfach 110129, 10831 Berlin.

Zornröschen e. V.

Zornröschen ist eine Kontakt- und Informationsstelle gegen sexuellen Missbrauch an Mädchen und Jungen.

Tel.: 02161 – 20 88 86

Sprechzeiten: Montag, Dienstag, Donnerstag, Freitag: 9 – 11 Uhr • Montag, Mittwoch: 14:30 – 16:30 Uhr

www.zornroeschen.de

Innocence in Danger e. V.

Informationen, Prävention und Aufklärung bietet auch der Verein Innocence in Danger:

www.innocenceindanger.de

Kinder- und Jugendtelefon / Elterntelefon

Eine kostenlose Hotline gibt es beim Kinder- und Jugendtelefon unter: **116 111**

Hier können Kinder anonym von Montag bis Samstag in der Zeit von 14 – 20 Uhr anrufen.

Ein entsprechendes Elterntelefon gibt es von Montag bis Freitag zwischen 9 und 11 Uhr sowie Dienstag und Donnerstag zwischen 17 und 19 Uhr unter: **0800 – 111 0 550**

Du hast das Recht, geschützt zu werden!